図で理解する！

社会保障の仕組み

著 高橋幸生

中央法規

はじめに

　福祉系の大学で社会保障論の講義をしていると、学生さんから「他の科目に比べて難しい」「理論や数字が多くて苦手」という声を多く聞きます。援助技術やケースを中心に学ぶと、制度や数字への苦手意識が強くなるのもわかります。

　ただ、この"苦手意識"には、授業を受ける皆さんだけではなく、教える側にも原因があります。給付やサービスをバラバラな知識として伝えられては、制度・数字の背景にある共通する考え方（基本原理）が見えず、頭に入りにくくなってしまいます。

　このため、本書では、社会保障全体の基礎にある、「社会の支え合い」の仕組みに着目して、制度や数字の意味をつなげて理解することを狙いとしています。また、「社会の支え合い」がどのように制度に反映されているか、文章だけでは頭に入りにくいと思います。そこで、図表とグラフを使って知識と基本原理を結びつけて、把握・理解しやすくすることも狙いとしています。

　なお、このような狙いから、教科書[1] の全ての項目を網羅するのではなく、考え方の幹となる部分に絞って解説しています。教科書で知識を身に付けながら、背景にある考え方への理解を、本書で深めてください。そうすることで、バラバラに見えていた制度も、ストーリーを持って自然に頭に入ってくるはずです。

---

[1]　一般社団法人 日本ソーシャルワーク教育学校連盟 編集『最新 社会福祉士養成講座 精神保健福祉士養成講座　7社会保障』中央法規，2021.

本書の構成

　本書では、医療や年金などの具体的な制度を扱った後に、総論に進み、より広い視点から考えを深める順序としています。

　第1章では、社会保障を学ぶ前提として「保険」そのものを扱います。少し難しい内容ですが欠かせない内容です。一度で理解できなくて構いません。各制度を学習した後に、再度、読み直すようにしてください。

　第2章からは、社会保険、社会手当と関連制度を扱います。各章のなかも、身近な内容から始めて、制度を支える基本原理の解説の順に進めます。

　そして、制度についての知識を身に付けたうえで、社会全体に視点を広げ、社会保障の過去、現在、未来を考察します。最後に、ソーシャルワークと社会保障、社会的保護の関係について、皆さんに考えていただきたい論点を提示します。

　ソーシャルワーク専門職の社会保障との関わりは、利用者であるだけなく、制度の最前線を担う者として、大きな役割を負っています。本書をきっかけに、皆さんが社会保障への理解を深め、社会との関わりのなかで、支え合いの仕組みのリーダーとなることを期待しています。

● 他の科目との関係について

　本書は社会福祉士養成カリキュラムの「社会保障」科目に対応するため、「貧困に対する支援」の対象となる生活保護、「児童・家庭福祉」「障害者福祉」「高齢者福祉」の対象となる社会サービスは扱

いません。

　しかし、所得保障の仕組みは「貧困に対する支援」と関わります。また、社会の支え合いの考え方は「社会福祉の原理と政策」と深く関わります。他の科目の学習に際しても、本書の内容を手がかりに、知識をつなげることで、理解を深めるように心がけてください。

社会保険	年金保険	
	医療保険	
	介護保険	
	雇用保険	
	労働者災害補償保険	
社会扶助	公的扶助	
	社会手当	
	社会サービス	児童福祉
		障害（児）者福祉
		老人福祉
		母子父子寡婦福祉

総論	社会保障の歴史、規模、特徴
	社会経済変動と社会保障
	ソーシャルワークと社会保障、社会的保護

☐ 本書の対象範囲

目次

はじめに

本書の構成

第 1 章 イントロダクション 社会保険と民間保険

1　保険とは 2

2　病院での支出に備える保険の例〜収支相等の原則〜 4

3　期待値と給付・反対給付均等の原則 6

4　保険の原則をそのまま当てはめると 8

5　社会保険の特徴〜支え合いの機能の強化〜 10

第 2 章 医療保険制度① 給付

1　現物給付の仕組み①〜見えないけれど大きな保障〜 14

2　現物給付の仕組み②〜多数の関係者のとりまとめ（審査支払機関）〜 18

3　現物給付の仕組み③〜診療報酬とレセプト〜 20

4　現物給付の仕組み④〜まとめ〜 22

5　現金給付の仕組み①〜高額療養費〜 23

6　現金給付の仕組み②〜出産育児一時金〜 27

7　現金給付の仕組み③〜傷病手当金〜 29

発展　子どもの医療費の無料化と現物給付 31

第 3 章 医療保険制度② 健康保険制度

1　医療保険制度の種類と健康保険制度 34

2　保険料 36

3　健康保険の保険料を通じての考察 41

第 4 章 医療保険制度③ 国民健康保険制度

1　国民皆保険を支える国民健康保険 46

2　国民健康保険と健康保険の適用区分 48

3　国民健康保険の給付 51

4　国民健康保険の保険料 52

5　国民健康保険の財政①〜学習の視点〜 57

6　国民健康保険の財政②〜概要〜 58

7　公的医療保険制度による所得再配分 66

第 5 章 介護保険制度

1	介護保険制度の沿革	70
2	制度の目的・保険者	72
3	保険給付	74
4	被保険者	80
5	保険料	82
6	財政	85

第 6 章 年金制度① 老齢年金

1	国民皆年金	88
2	厚生年金保険制度	90
3	厚生年金保険の保険料	91
4	厚生年金保険の老齢給付	94
5	年金の実質価値を維持する仕組み	97
6	国民年金制度	102
7	国民年金の保険料	103
8	国民年金の老齢給付	104
9	国民年金保険料の免除・猶予と年金給付の関係	106
10	被用者保険と一般保険	110

第 7 章 年金制度② 障害年金、遺族年金

1	障害基礎年金・障害厚生年金	114
2	障害年金の受給要件〜どのような場合に受給できるか〜	116
3	遺族基礎年金・遺族厚生年金	120

第 8 章 年金制度③ 社会の変化と年金制度の役割

1	老齢年金の役割の拡大	126
2	人口構造の変化と年金制度	131

第 9 章 高齢者医療制度

1	高齢者の医療	138
2	後期高齢者医療の被保険者、保険者	140
3	後期高齢者医療の保険料、給付、自己負担	142
4	後期高齢者医療の財政	144
5	人口変動への対応	148

第 10 章 雇用保険制度

1 雇用保険制度の概要 ... 150
2 雇用保険の保険料 ... 153
3 雇用保険の給付 ... 155
4 雇用保険の財政 ... 157

第 11 章 労働者災害補償保険制度

1 労災保険制度の概要 ... 162
2 労災保険の給付 ... 163
3 補償責任とは ... 165
4 労働災害・通勤災害の認定 ... 168
5 保険料率〜リスクに応じた保険料設定〜 ... 170
6 特別加入制度 ... 172

第 12 章 児童手当等（社会手当）、社会保険における子育ての経済的負担への配慮

1 児童手当、児童扶養手当（社会手当） ... 176
2 被用者保険、労働保険における子育てへの配慮①産前・産後期間 ... 179
3 被用者保険、労働保険における子育てへの配慮②
育児期間（休業と休業期間中の所得保障） ... 181

第 13 章 日本の社会保障の歴史、規模、特徴

1 日本の社会保障の歴史 ... 184
2 社会保障制度の社会・経済における役割と機能 ... 192
3 社会保障の規模（社会保障給付費・社会支出） ... 195

第 14 章 社会経済変動と社会保障

1 人口構造の変化 ... 200
2 社会保障規模の今後の見通し ... 209
3 非正規雇用の状況 ... 214
4 非正規雇用をめぐる課題の所在 ... 218
5 社会保障・社会福祉と労働 ... 221

終章 ソーシャルワークと社会的保護システム

1 ソーシャルワークと社会保障、社会的保護 ... 226

参考文献
著者紹介

第 1 章

イントロダクション
社会保険と民間保険

　社会保険には、社会福祉の実践でも馴染みの深い、介護保険制度、医療保険制度、年金制度などが含まれます。これらの制度は、民間保険とも共通する保険の一般的な仕組みを基礎として、国民全体に保障を提供するための工夫を加えて、公的社会保険として実施されています。

　そこで、そもそもの「保険とは何か」（保険一般の仕組み）と、公的社会保険との相違点を学ぶことを通じて、公的社会保険の独自性への理解を深めましょう。

　1度読んだだけでは理解できないかもしれませんが、最初は分からなくても構いません。各制度を学習してからも、再度、読み直すようにしてください。

1 保険とは

保険とは、

☑ 病気や怪我など、出費や収入が途絶える恐れ（リスク）に備
　えて

☑ みんなでお金を出し合って貯めたうえで（プール）

☑ 実際の出費や収入が途絶えた場合（保険事故）に

☑ プールされたお金から支払いを受ける

仕組みのことです。

図 1-1：保険の仕組み

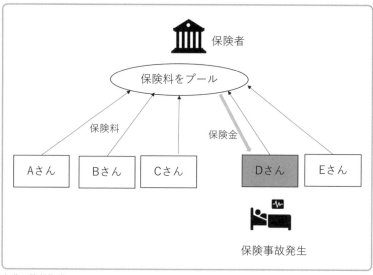

出典：著者作成

図1-1を見ると、被保険者（Aさん～Eさん）が保険料を出し合ってプールしています。そして、実際に保険事故が発生した場合（Dさん）には、そこから保険金が支払われます（保険給付）。プールされたお金を管理し、保険給付を行う者を**保険者**と呼びます。

　実際に保険事故（傷病、障害、死亡など）が発生したDさんへの保険給付は、もともとはAさん～Eさんが支払った保険料を財源としています。つまりDさんは、**Dさん自身の事前の備え（自助）**とともに、**事故が発生していない他の被保険者全員（Aさん～Eさん）の保険料**によって**支えられているといえます**。当然、他の人に保険事故が発生しても、同じように、全員が支払った保険料を財源として、給付が行われます。

　このように、保険は**共通するリスク（保険事故）に直面する人々**が、その費用について、**共同で備える、支え合いの仕組み**となっています（互助）。リスクが発生した際の負担を分かち合っているため、**リスクを「分散」**するとも呼ばれる仕組みです。

　この「リスクの分散」が保険の大切なポイントです。より具体的なイメージを持てるように、病院を受診した際の出費（病院に支払う診療費）に備える保険を考えてみましょう。

2 病院での支出に備える 保険の例 ～収支相等の原則～

例) 20 ～ 24 歳の A さん～ J さんの 10 人について、ある 1 年の
　　受診件数、診療費（総額）が、下の表の実績であったとします。

表 1-1：A さん～ J さんの診療実績（例）

	受診件数（件）	診療費・総額（円）
A さん	―	―
B さん	13	15,000
C さん	―	―
D さん	2	175,000
E さん	―	―
F さん	2	10,000
G さん	1	5,000
H さん	24	400,000
I さん	2	10,000
J さん	1	5,000
合計	45	620,000

　受診状況は、A さん、C さん、E さんのように、一度も病院に行
かない人もいれば、H さんのように、定期的に受診が必要で月 2 回
（年 24 回）通院している人もいます。

　また、受診 1 件の診療費も、簡単な診察で低額で済むものから、
入院治療など高額になるものまでバラツキがあります。

　この事例で、診療費全額が支払いの対象となる保険を考えます。

保険から支払われる保険金の総額は、62万円となります。

保険者が保険金を支払うためには、給付額62万円（保険者の総支出）に見合う、保険者の収入（保険料）が必要です。これを、**収支相等の原則**と言います。収入が不足すると、保険者は支払い不能になって、解散を余儀なくされてしまうので、保険を継続して運営するためには収支相等の原則が成り立つ必要があります。

この事例の場合、62万円の支出を、10人の保険料で賄うため、1人当たりの保険料は、年額で、

　　　62万円　／　10人　＝　62,000円

となります。

図1-2：Aさん～Jさんの保険料と保険給付

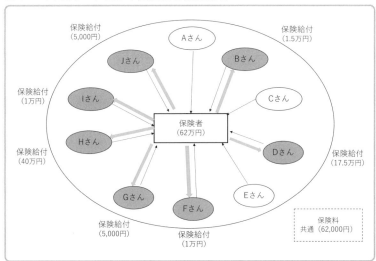

出典：著者作成

3 期待値と 給付・反対給付均等の原則

　先ほど説明した収支相等の原則は、保険全体として総支出（保険給付・62 万円）と総収入（保険料・62 万円）が等しくなければならない、という原則ですが、これを**被保険者個人**として見てみましょう。

　総支出と総収入を、それぞれ 10（人）で割っても、

> 　　一人あたり保険給付（6.2 万円）
> 　　　　　＝一人あたり保険料（6.2 万円）

の関係が成り立ちます。

　この保険は診療費全額が保障される保険で、診療費＝保険給付と想定していますので、

> 　　一人あたり診療費
> 　　　　　＝一人あたり保険給付
> 　　　　　＝一人あたり保険料

の関係が成り立ちます。

　また、一人あたり診療費（＝一人あたり保険給付）は、

受診件数（4.5 件）×1 件あたり診療費（13,800 円） [1]

に分解できます。受診件数＝どれくらい病院にかかりやすいか（リスク発生確率）と、1 件あたり診療費をかけ合わせたものを意味します。

　このような、リスク発生確率と診療費（保険給付）をかけて求めた、保険給付の予測値を、統計用語では**「期待値」**と呼びます。

　そして、被保険者が支払う一人あたり保険料は、リスク（保険事故）が発生した際に受け取る保険給付の期待値と等しくならなければならないことを、**給付・反対給付均等の原則**と言います。

　単純に言うと、**収入と支出が等しいことが、保険全体の見込みとしても、被保険者個人の見込みとしても、成り立つ必要がある**ということです。

---

[1]　病院・診療所で診察・治療を受ける頻度は、病気の罹りやすさ・怪我のしやすさによって変わるため、年齢別に大きく異なります。厚生労働省の公表資料によると、20 〜24 歳は 1 年間で 4.5 件受診しており、1 件当たりの診療費は平均 13,800 円です。年間一人当たり 62,000 円の診療費になっています。なお、診療費には、調剤や訪問看護は含まれていませんので、これらを含む医療費は、診療費よりも大きくなります。（出典）厚生労働省保険局調査課『医療保険に関する基礎資料〜平成 30 年度の医療費等の状況〜』令和 3 年 1 月

4 保険の原則を そのまま当てはめると

次に、50～54歳の10人を被保険者とする保険を考えます。この年齢層の受診状況と診療費は、以下のとおりです。
- 年間の受診件数は約8.6件
- 1件あたりの診療費は、約20,000円
- 一人あたりの診療費は、約172,000円

この保険で1年間に支払う保険金総額は、

17.2万円 × 10人 ＝ 172万円

必要な一人あたり保険料は

172万円 ／ 10人 ＝ 17.2万円

となります。

この保険料を20～24歳の10人を被保険者とする保険の年額保険料6.2万円と比べると、2.7倍になっています。これは、50～54歳の人の方が、より病気にかかりやすい（**リスクが高い**）ことと、**一人あたり診療費（保険給付）が大きい**ことを反映しています。

保険を継続して運営するためには、収支相等の原則、給付・反対給付均等の原則により、保険料を設定することが必要でした。これらの**保険の原則をそのまま適用すると**、20～24歳の若い人の保険と比べて、リスクの違いに応じて保険料も高くなります。

それでは、2つの年齢層の人がともに加入する保険では、リスクと保険料の関係は、どのようになるでしょうか。

20 ～ 24 歳 10 人と、50 ～ 54 歳 10 人の、合計 20 人を被保険者とする保険を考えます。

この場合、1年間に発生する保険給付は、
　　62 万円　＋　172 万円　＝　234 万円
となります。

全員が同じ保険料を負担することにすれば、年額は、
　　234 万円　／　20 人　　＝　11.7 万円
となります。

この仕組みでも、収支相等の原則は満たします。しかし、このような保険料は、**20 ～ 24 歳の 10 人からするとリスクに見合っていません。** 実質的には、保険給付の期待値が約 2.7 倍である 50 ～ 54 歳の 10 人の保険料の一部を負担していて、割高な負担となっています。

表 1-2：**年齢による保険料の違い（例）**

20 ～ 24 歳 10 人	20 ～ 24 歳 10 人と 50 ～ 54 歳 10 人の合計 20 人	50 ～ 54 歳 10 人
年額　6.2 万円	年額　11.7 万円	年額　17.2 万円

5 社会保険の特徴
～支え合いの機能の強化～

　人にはそれぞれリスクの違いがあります。保険の原則をそのまま適用すると、リスクに応じて保険料が決まります。ただし、保険への加入・脱退を自由に認めると、リスクの低いグループの人は、より低額の保険料の他の保険に移り、リスクの高い人たちだけが残ることとなります。この場合、保険料を引き上げないと保険が運営できません。

　リスクに応じた保険料負担の原則と、加入脱退の自由を、そのまま適用すると、

　　➡ 重い既往症があると、リスクに応じた高額の保険料を求められる。リスクが高すぎて保険に加入できない場合も生じる。
　　➡ 逆に、若年の疾患リスクの低い人の保険料は少額になる。
　　➡ 扶養家族が多い人の保険料は、単身者の何倍にもなる。

といったように、社会的な公平性に反する結果となってしまいます。

　このため、社会保険では、保険事故が生じれば保険給付を行い、被保険者の生活の安定を保障するという保険的技法を使いつつ、加入の仕組み、保険料負担の仕組みに、大幅な修正を加えています。

　具体的には、加入関係は**強制加入**の仕組みをとり、全国民を対象とすることで、リスクを分散する範囲を大きく広げています。また、保険料負担については、加入者の**負担能力**（給与の額等）**に応じて保険料を設定**する仕組みや、**事業主による保険料負担、公費（租税）**

財源による支援の仕組みが導入されています。

　保険のもつリスク分散・支え合いの仕組みを基礎に、**公的関与**を加え、**国民全体に保障を提供しています。**

　社会保険は、保険的技法の利点を最大限活用していますが、**給付はニーズに応じて、負担は能力に応じていて、給付・反対給付均等の原則は満たしません。**このため、特に、医療保険や介護保険は、**厳密な意味の保険（純粋な保険原理）には該当しません。**

　これから学習する、それぞれの制度で、**社会的公平性を担保するための工夫**を見ていきましょう。

表 1-3：社会保険と民間保険の違い

	社会保険	民間保険
実施主体	・政府（公的な組織）	・民間企業（株式会社、相互会社、協同組合等）
加入	・**強制加入**（対象は全国民）	・任意加入
保険料負担	・負担能力（給与等）に応じて保険料を設定。 ・低所得者には免除・猶予が認められる。（**応能負担**）	・給付内容・リスクに応じて保険料を設定（**給付・反対給付均等の原則**）
給付	・保険料納付を前提としつつ、医療保険、介護保険では、必要性に応じて判断・決定される。 ・年金では、保険料納付実績に応じて決定される。	・保険契約により事前に決められる。
財政	・**公費負担**がある。	・公費負担はなく、保険収支を合わせる必要がある（**収支相等の原則**）。

出典：一般社団法人日本ソーシャルワーク教育学校連盟編『最新 社会福祉士養成講座 精神保健福祉士養成講座　7 社会保障』中央法規，2021 年，111 頁を一部改変

第 2 章

医療保険制度①
給付

　怪我や病気をして医療機関に行くと、診断や治療を受け、薬を処方してもらいます。私たちが窓口で支払う費用はその一部で、大部分は医療保険から支払われています。

　この保険と医療サービスを結びつける仕組みを「現物給付」といいます。国民の医療へのアクセスを確保するために、医療に関わる関係者の協働により支えられているインフラです。現物給付の仕組みが分かると、保険証の役割、窓口負担（一部負担金）の意味についても理解が深まるはずです。

　また、介護保険サービス、障害福祉サービス、子育て支援サービスにも共通する仕組みとなっています。

1 現物給付の仕組み①
～見えないけれど大きな保障～

　医療サービスの提供と、それに対する費用の支払いには、医療機関、患者（被保険者）、保険者など、多くの当事者が関わります。現物給付の仕組みは、多数の関係者のやりとりを集約・簡素化して、患者が医療にアクセスしやすくした仕組み（インフラ）です。

　医療サービス費用の支払いは、被保険者（患者）と医療機関の関係が出発点になります。それに保険者から医療機関への支払いの仕組みを重ねていきましょう。

● 現物給付の仕組み

　基本は、患者と医療機関の関係です。①医療機関が医療サービス[1]を提供し、②対価を患者に請求します。これに対し、③患者が医療費を支払います（図2-1）。

　この医療機関への支払い（リスク）をカバーする保険の手続きとして、一番シンプルなのは、ⓐ患者が費用を医療機関に一旦全額支払い、ⓑ領収書と明細を添付して保険者に申請し、ⓒ保険者が患者に保険金を支払う方式です（図2-2）。これは、民間保険と同じ手続きです。

　この場合、患者と医療機関の医療サービスの関係と、被保険者と

---

[1]　本章の医療サービスは、①診察、②薬剤又は治療材料の支給、③処置、④手術その他の治療、⑤居宅における療養上の管理・世話・看護、⑥入院に伴う世話・看護等を指します（**療養の給付**）。

図 2-1：患者と医療機関の関係

①医療サービス

②医療費請求

医療機関　③医療費支払い　患者

出典：著者作成

図 2-2：患者と医療機関、保険者の関係

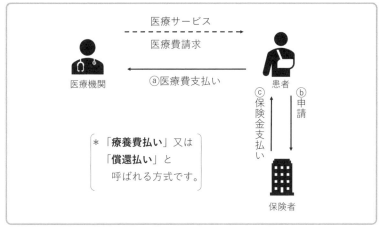

医療サービス

医療費請求

医療機関　ⓐ医療費支払い　患者

ⓒ保険金支払い　ⓑ申請

＊ **「療養費払い」**又は **「償還払い」**と 呼ばれる方式です。

保険者

出典：著者作成

保険者の保険関係が、はっきり分かれます。

　しかし、この方法では、医療費が高額な場合にも、一旦、患者が全額を支払わなければなりません。医療によっては、ひと月の医療費が1000万円を超える場合もあります。一時的であっても、手元に大金を用意するのは大変です。

　そこで、④**医療機関が直接保険者に請求**し、⑤**保険者から直接医療機関に支払う**ことで、医療サービス自体を、患者が、あたかも保険金の代わりのように受け取る仕組み（**現物給付**の仕組み）が導入されています（図2-3）。

患者は医療機関からの請求額と保険給付額との差額を、一部負担金として医療機関の窓口に支払います。

図2-3：医療機関と保険者の関係

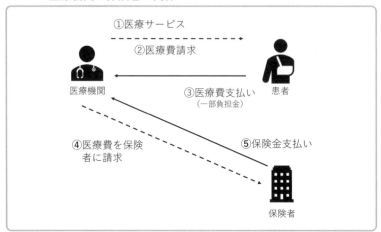

出典：著者作成

● 窓口での自己負担

医療サービスの費用のうち、医療保険から給付される額は年齢、所得によって7割～9割と異なります。残額を患者が医療機関の窓口で支払うことになり、3割～1割が一部自己負担となります。現役世代は3割、義務教育就学前は2割、70歳を過ぎると2割、75歳以上は1割（ただし、一定以上の所得の場合は2割、現役並の所得の場合には3割）の負担となります（図2-4）。

● 保険証の役割

病院・診療所は保険者にも直接請求しますが、患者が加入している保険がわからなければ、請求できません。このため、受診の際に、患者から医療機関に、保険に加入していることを明らかにする**保険**

図 2-4：年齢ごとの自己負担割合

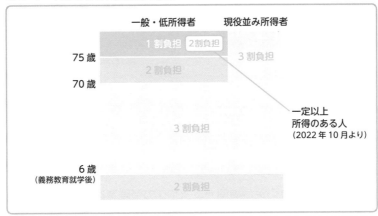

資料：厚生労働省「第 125 回社会保障審議会医療保険部会（令和 2 年 2 月 27 日）」参考
資料，p.19 を一部改変

図 2-5：保険証の役割

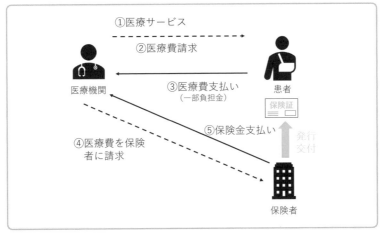

出典：著者作成

証（保険者が発行）を提示します（図 2-5）。保険証の提示がなければ、
患者が全額を支払ったうえで保険者に請求する方式（償還払い・療
養費払い）に戻ります。

2 現物給付の仕組み②
〜多数の関係者のとりまとめ
（審査支払機関）〜

　現物給付の仕組みは、患者にとって大きなメリットがありますが、医療機関、保険者から見るとどうでしょうか。

　医療機関は日本全国で約 18 万施設あり、保険者も 3000 近くあります。それぞれの医療機関が、3000 の保険者に振り分けて請求するのも大変ですし、保険者が全国 18 万の医療機関から個別に請求を受けるのも現実的ではありません。

図 2-6：とりまとめ機関がない場合

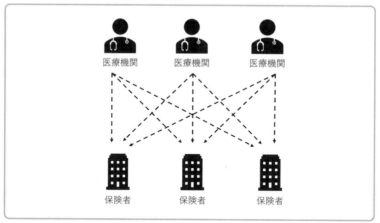

出典：著者作成

　このため、多数の医療機関と保険者を中継する**審査支払機関**が設けられ、請求・支払い事務が簡素化されています。この役割を、健康保険制度（第 3 章参照）では**社会保険診療報酬支払基金**が、国民

健康保険制度（第4章参照）では、都道府県単位で**国民健康保険団体連合会**が担っています。

図 2-7：**審査支払機関の役割**

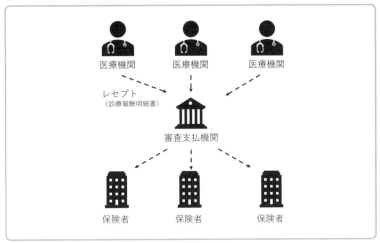

出典：著者作成

3 現物給付の仕組み③
～診療報酬とレセプト～

　現物給付の仕組みの中で、医療機関から保険者（審査支払機関経由）に提出される請求書を**レセプト（診療報酬明細書）**といいます。

　医療機関からの請求は、何でも認められるわけではありません。厚生労働大臣から**保険医**の指定を受けた医療機関からの、**保険診療**のルールに沿った医療行為に対してのみ**診療報酬**が支払われます。その審査は審査支払機関が行っています。また、保険診療のルールは、医療提供側の代表、保険者（支払側）の代表、学識経験者の三者から構成される**中央社会保険医療協議会**が定めます。

　なお、保険診療以外の診療は**自由診療**となり、保険給付の対象にはならないため、全額が患者の自己負担となります。

　診療報酬では、診療行為ごとに単価が設定（**公定価格**）されているのが特徴です。他方、**どの程度の診療行為が必要であるかの判断は、診療にあたる医師の判断に委ねられています**。このため、**診療行為の単価を積み上げたものが報酬の総額**となるのが原則です。

　実際のレセプトには、まず、加入している健康保険の情報、被保険者本人の情報が記載されます。その下に、主な傷病名が記載され、さらに、診療行為と点数が記載されます。**1点は10円に換算**され、74点であれば740円に相当します。右側に内訳が示されます（表2-1）。

　個別の診療、検査の単価を足し上げて（74点＋947点＋68点＝1089点）、10円をかけると請求する総額（10890円）になり

表 2-1：レセプトの内訳

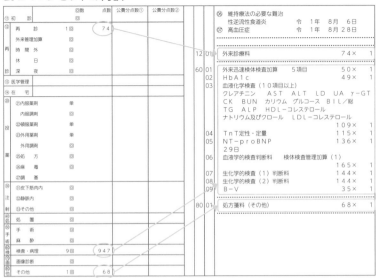

資料：社会保険診療報酬支払基金 HP

表 2-2：レセプト（合計点数）

	請　　求	※　　決　　定	一部負担金額
保険	1,089 点	1,089 点	円
①	点	点	円
②	点	点	円

（※高額療養費　円　／　※公費負担点数①　点　／　※公費負担点数②　点）

この明細書は、社会保険診療報酬支払基金が、保険医療機関・保険薬局から提出された電子レセプトについて審査決定後、その請求情報に基づき作成したものです。Ver00001a01d3ae9c1756fe98aed7e9902c1ff1b

資料：社会保険診療報酬支払基金 HP

ます（表 2-2）。このような仕組みを、**出来高払い**と呼びます。

　しかし、出来高払いでは、「計算が複雑になる」「医療行為をすればするほど保険収入が多くなるため過剰診療を招きやすい」などの短所や批判もあります。そこで、**疾患の種類ごとに必要となる手術や治療内容を標準化し、一連の治療行為全体に定額の報酬が支払われる仕組み**が導入されています。**診断群分類別包括払い制度（DPC）**と呼ばれ、特に入院医療で導入が進んでいます。

4 現物給付の仕組み④
〜まとめ〜

　全体を重ねると下の図 2-8 になります。当事者（ステークホルダー）が多く、複雑な仕組みに見えますが、これまで見たように、患者、医療機関の双方にメリットがあるため、このような仕組みに至っています。

　現物給付の仕組みは、**多数の関係者の協働**によるもので、**国民が必要とする医療サービスへ円滑にアクセスするための重要なインフラ**となっています。

　医療保険制度は、**人々の見えないところで、患者に大きな保障を提供**しているのです。

図 2-8：現物給付の仕組み

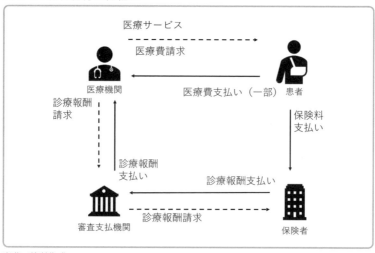

出典：著者作成

5 現金給付の仕組み①
～高額療養費～

公的医療保険は、医療サービスへのアクセスを保障する重要な役割を果たしています。これに加えて、被保険者に対する金銭の給付（現物給付に対して現金給付）でも重要な役割を果たしています。

ここでは、主要な現金給付である、高額療養費、出産育児一時金、傷病手当金について学習します。

● 高額療養費

医療保険の療養の給付では、保険診療の費用全額が対象になるのではなく、患者にも**定率の一部負担**がありました。このため、医療費そのものが高額になると、一部負担金も大きくなります。例えば、費用が 1000 万円の場合、3 割負担であれば、患者の医療機関への支払い額は 300 万円になってしまいます。そこで、**患者負担に**

図 2-9：**高額療養費**

資料：協会けんぽ HP を一部改変

上限を設けて、**それを超える部分を医療保険から償還**する仕組みが**高額療養費制度**です。

　高額療養費の自己負担の上限額（**自己負担限度額**）は、年齢や所得（医療費の負担能力）に応じて異なります。例えば70歳未満の人の、ひと月あたりの自己負担限度額は、次のとおりです。

表2-3：**70歳未満の人の場合の自己負担限度額**

所得区分	ひと月あたりの自己負担限度額
年収約1,160万円～の人 健保：標準報酬月額83万円以上の人 国保：年間所得901万円超の人	252,600円＋ （医療費－842,000円）×1%
年収約770～約1,160万円の人 健保：標準報酬月額53万円以上83万円未満の人 国保：年間所得600万円超901万円以下の人	167,400円＋ （医療費－558,000円）×1%
年収約370～約770万円の人 健保：標準報酬月額28万円以上53万円未満の人 国保：年間所得210万円超600万円以下の人	80,100円＋ （医療費－267,000円）×1%
～年収約370万円の人 健保：標準報酬月額28万円未満の人 国保：年間所得210万円以下の人	57,600円
住民税非課税の人	35,400円

資料：厚生労働省HPを一部改変

　「ひと月あたりの自己負担上限額」をグラフにすると、図2-10のようになります。所得区分によって上限額が設定されていて、**負担能力が考慮**されています。

図 2-10：ひと月あたりの自己負担上限額

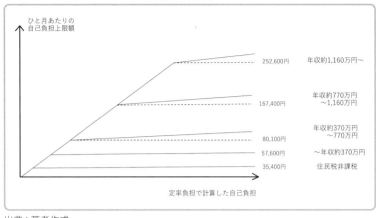

出典：著者作成

● 多数回該当

　ひと月あたりの上限額が設けられていても、高額の医療を受ける
期間が続けば負担も大きくなります。このような場合に、さらに負
担を軽減するのが**多数回該当**の仕組みです。直近の 12 か月間に、
すでに 3 回以上高額療養費の支給を受けている場合（多数回該当）
に、負担の上限額がさらに引き下がります。

表 2-4：70 歳未満の人の場合の自己負担上限額

所得区分	本来の負担の上限額	多数回該当の場合
年収約 1,160 万円〜の人	252,600 円＋（医療費－ 842,000 円）× 1%	140,100 円
年収約 770 〜約 1,160 万円の人	167,400 円＋（医療費－ 558,000 円）× 1%	93,000 円
年収約 370 〜約 770 万円の人	80,100 円＋（医療費－ 267,000 円）× 1%	44,400 円
〜年収 370 万円の人	57,600 円	44,400 円
住民税非課税の人	35,400 円	24,600 円

資料：厚生労働省 HP を一部改変

このように、医療機関等での患者の支払いが高額な場合は、事後的に申請により払い戻されますが、一時的にせよ、大きな負担になります。このため、**限度額適用認定証**を保険証と併せて医療機関等の窓口に提示すると、1か月（1日から月末まで）の**窓口での支払いが自己負担限度額までとなります。**

　これは、**高額療養費の現物給付化**と呼ばれています。多額の患者負担が発生する状況を、できるだけ少なくする方向で仕組みの見直しが重ねられた結果、**もともと現金給付であった高額療養費が現物給付化されるようになっています。**

6 現金給付の仕組み②
～出産育児一時金～

　出産育児一時金は、被保険者が出産した場合に、保険から42万円が支払われるものです。これは、一時金であって療養の給付ではありません。通常の出産は疾病ではない[2]ので「療養」に該当しないとされてきたことに由来します。

　このため、出産に伴う入院費用には診療報酬（公定価格）も当てはまらず、病院ごとに設定されます。42万円の範囲内に入るところも、それより高額になるところもあります。また、自宅での出産の場合にも支払われ、助産院への支払い費用に充てられます。

● 出産育児一時金の現物給付化

　出産育児一時金は、出産施設に支払う費用として保険者から被保険者に支払われるのが原則ですが、出産を控えた家庭で、一時的にせよ40万円近くの金銭を準備するのは大変ですし、ただでさえ慌ただしい時期に保険者へ請求するのも大変です。

　このため、保険者、出産施設、被保険者の三者が**同意している場合**には、出産育児一時金を出産施設に直接支払う仕組みが設けられています。また、実際にかかる費用が42万円を上下する場合には、表2-5 の取り扱いとなります。

---

[2]　この取り扱いは、通常の出産についてのものです。妊娠・出産にはリスクが伴います。医学的にリスクのある出産や、妊娠に伴い治療を要する症状が生じた場合には、その治療に要する費用は「療養の給付」の対象となります。

表 2-5：入院費用による取り扱いの違い

入院費用が 42 万円より 少ない場合（例：41 万円）	差額（1 万円）を被保険者が保険者に請求できる
入院費用が 42 万円より 多い場合（例 45 万円）	差額（3 万円）は被保険者の負担

　このように、**実質的に現物給付化**される場合がありますが、**療養の給付と異なるのは、同意があって初めて施設に直接支払われる点**です。出産施設によっては直接払いが利用できない場合もあります。このため、施設ごとに確認が必要になります。また、被保険者が希望しない場合には、被保険者が出産施設に支払ったうえで、被保険者から保険者に請求することになります[3]。

---

3)　出産費用の増加傾向も踏まえ、子育て世代の支援のための出産育児一時金の増額と、その際の医療保険全体の中で支え合うことについて、検討が進められています（2022 年 10 月現在）。

7 現金給付の仕組み③
～傷病手当金～

　医療保険の給付のうちサラリーマンが加入する医療保険制度（健康保険制度：第3章参照）では、病気や怪我で働けなくなった場合の所得保障として、傷病手当金があります（自営業の人の医療保険制度にはないのが通例です）。

　傷病手当金は、次の要件を満たす場合に支給されます。

> ・**業務外**の事由による病気や怪我の療養のための休業であること
> ・**仕事に就くことができない**こと
> ・**連続する3日間を含み4日以上**仕事に就けなかったこと
> ・休業した期間について**給与の支払いがない**こと

　支給額は、日額を単位として、直近1年の**平均給与日額の2／3相当額**により算定されます。給付を給与水準に連動させ、生活水準の維持を図っています。

　上の要件にある「**連続する3日**」は、**待期期間**と呼ばれ、会社を休んだ日が連続して3日間なければ成立しません。連続して2日間休んだ後、3日目に出社して仕事を行った場合には、待期3日間は成立しません。待期3日を含む4日目の休業から支給されます。

　傷病手当金が支給される期間は、**支給期間を通算して1年6か月まで**です[3]。

　傷病手当金の受給期間終了後は、その人の状態によりますが、障

図 2-11：「待期 3 日間」の考え方

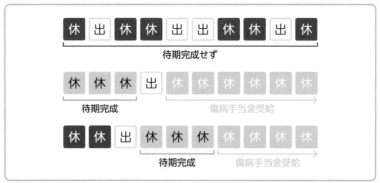

待期完成せず

待期完成　傷病手当金受給

待期完成　傷病手当金受給

資料：協会けんぽ HP

図 2-12：「通算 1 年 6 か月」の考え方

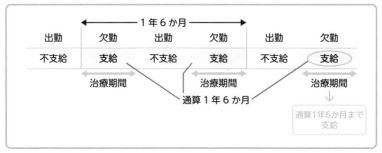

資料：厚生労働省 HP

害年金の等級に該当する場合には、障害年金を受給することも考えられます。障害年金の障害認定は、初診日から 1 年 6 か月経過した日（その間に症状が固定した場合は、固定した日）をもって行うこととされています（第 7 章参照）。

---

3) 従来は、途中で不支給の期間があっても、1 年 6 か月が経過すると終了とされていましたが、令和 4 年 4 月に改正されました。近年のがん治療では、手術、薬物療法や放射線治療を組み合わせ（集学的治療）、入院と外来の治療を組み合わせて、働きながら治療と療養を行うことが広がってきたことも背景となっています。

子どもの医療費の無料化と
現物給付

　自治体によっては、子どもの医療費の一部自己負担を、独自に助成している場合があります。これは、保険制度ではなく、自治体の税財源による給付です。

　医療機関から請求する場合、請求先が保険とは異なるので、保険証のほか、子どもの医療費の助成の対象となることを明らかにするため自治体が発行した「医療証」の提示が必要になります。医療機関で、保険証の他に医療証の提示が求められるのは、このためです。

図 2-13：子どもの医療費助成の仕組み

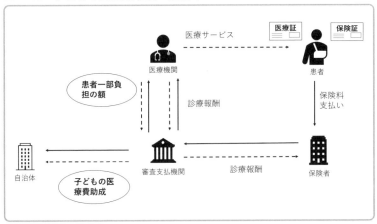

出典：著者作成

第 **3** 章

医療保険制度②
健康保険制度

　公的医療保険は１つではなく、働き方や年齢によって加入する保険が異なります。本章では、会社等に雇われて働く人の医療保険制度である健康保険制度について、対象者の範囲、保険料、財政を中心に説明します。

　保険料計算や財政では、保険一般の原理が大きく修正されています。社会保険の特徴ですので、注目してください。

　なお、「健康保険制度」は個別の制度の名称です。公的医療保険制度の全体を示すものではありませんので、混同しないように注意してください。

1 医療保険制度の種類と健康保険制度

前章の最後に説明した傷病手当金が支給されるのは、医療保険制度のうちの一部の制度に限られます。実は、医療保険制度は、働き方や年齢によって、加入する制度が分かれています。

図 3-1：医療保険制度の種類

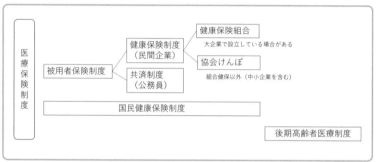

出典：著者作成

● 健康保険制度の対象者

このうち健康保険制度は、**民間企業のサラリーマン（労働者・被用者）**を被保険者として、**本人とその家族（被扶養者）**に対する給付を行います。

なお、公務員は共済に加入します。健康保険と共済は、同様の仕組みですが、別々のグループの保険として運営されています。

また、健康保険は**プライベートでの病気・怪我**を保障します。仕事での病気・怪我は、健康保険ではなく労働者災害補償保険（第11章参照）の対象になります。

表 3-1：健康保険法　第1条（目的）

> 　この法律は、**労働者**又はその**被扶養者**の**業務災害**（労働者災害補償保険法（昭和二十二年法律第五十号）第七条第一項第一号に規定する業務災害をいう。）**以外の**疾病、負傷若しくは死亡又は出産に関して保険給付を行い、もって国民の生活の安定と福祉の向上に寄与することを目的とする。

2 保険料

　健康保険では、被保険者となるサラリーマン本人が、保険料を納付する義務を負います。保険料の額は、大まかには、次の式で計算されます。

> 月給 　×　 保険料率 　＝　 保険料額

　例えば、月給30万円で、**保険料率**が10％であれば、10％は10/100ですので、

> 30万円 　×　 10/100 　＝　 3万円

が、月々の保険料額になります。

　この保険料額を、**労使折半**（事業主が半分、被保険者本人が半分）で負担します。

● 標準報酬月額

　ただし、毎月の給与額が、そのまま使われるのではなく、**標準報酬月額**が使われます。まず、4月・5月・6月の3か月の給与の平均額を計算します（報酬月額）。この3か月平均（報酬月額）を、

下の表に記載された一定の幅を持つ区分（等級）に当てはめ、当てはまる等級の月額が、標準報酬月額として決定されます。

　例えば、4月：27万円、5月：28万円、6月：30万円の場合を考えます。3か月の給与の平均額から報酬月額が28万3000円となり、270,000〜290,000の区分に入るため21等級に該当します（表3-2）。よって、標準報酬月額は、21等級の28万円と決定されます（等級の横にあるカッコ数字（18）は、厚生年金を学習する際に説明します）。

　また、標準報酬月額は、4月・5月・6月の3か月の平均をもとに決定され、**その年の9月から翌年の8月までの1年間同じ額が使われます**。短期的な賃金額の変動を全て反映すると事務が煩雑にな

表 3-2：報酬月額の区分

標準報酬		報酬月額	
等級	月額	円以上	円未満
1	58,000	〜	63,000
2	68,000	63,000 〜	73,000
3	78,000	73,000 〜	83,000
4(1)	88,000	83,000 〜	93,000
5(2)	98,000	93,000 〜	101,000
6(3)	104,000	101,000 〜	107,000
7(4)	110,000	107,000 〜	114,000
8(5)	118,000	114,000 〜	122,000
9(6)	126,000	122,000 〜	130,000
10(7)	134,000	130,000 〜	138,000
11(8)	142,000	138,000 〜	146,000
12(9)	150,000	146,000 〜	155,000
13(10)	160,000	155,000 〜	165,000
14(11)	170,000	165,000 〜	175,000
15(12)	180,000	175,000 〜	185,000
16(13)	190,000	185,000 〜	195,000
17(14)	200,000	195,000 〜	210,000
18(15)	220,000	210,000 〜	230,000
19(16)	240,000	230,000 〜	250,000
20(17)	260,000	250,000 〜	270,000
21(18)	280,000	270,000 〜	290,000
22(19)	300,000	290,000 〜	310,000

30(27)	500,000	485,000 〜	515,000
31(28)	530,000	515,000 〜	545,000
32(29)	560,000	545,000 〜	575,000
33(30)	590,000	575,000 〜	605,000
34(31)	620,000	605,000 〜	635,000
35(32)	650,000	635,000 〜	665,000
36	680,000	665,000 〜	695,000
37	710,000	695,000 〜	730,000
38	750,000	730,000 〜	770,000
39	790,000	770,000 〜	810,000
40	830,000	810,000 〜	855,000
41	880,000	855,000 〜	905,000
42	930,000	905,000 〜	955,000
43	980,000	955,000 〜	1,005,000
44	1,030,000	1,005,000 〜	1,055,000
45	1,090,000	1,055,000 〜	1,115,000
46	1,150,000	1,115,000 〜	1,175,000
47	1,210,000	1,175,000 〜	1,235,000
48	1,270,000	1,235,000 〜	1,295,000
49	1,330,000	1,295,000 〜	1,355,000
50	1,390,000	1,355,000 〜	

資料：全国健康保険協会HP（令和3年3月分（4月納付分）からの健康保険・厚生年金保険の保険料額表）

るため、給与の実態を反映しつつ事務を簡素化するものです。

● 標準賞与額

　月々の給与だけでなくボーナス（賞与）も、保険料計算の対象に含まれます。賞与総額の千円未満を切り捨てた**標準賞与額**に保険料率をかけて、保険料額が計算されます。年度の累計額は 573 万円が上限となります。

表 3-3：**標準賞与額の考え方**

	夏のボーナス	冬のボーナス	保険料の対象となるボーナス（賞与の額）
例1	100 万円	100 万円	100 万円 ＋ 100 万円 ＝ 200 万円
例2	300 万円	300 万円	300 万円 ＋ 273 万円 ＝ 573 万円

＊例2では、6月に 300 万円支給されているため、冬のボーナスのうち、保険料計算の
　対象となるのは　573 万円 － 300 万円 ＝ 273 万円

● 保険料率

　続いて保険料率です。民間企業に雇用される人のうち、大企業の一部と、その他の企業（中小企業を含む）で、健康保険の仕組みが異なります。

　大企業で従業員が多く、その会社・グループ会社の従業員だけでリスクを分散できる場合には、**健康保険組合**[1] を設けて、独自に医療保険を運営することが認められます。

　これに対し中小企業は、単独では従業員数が少なく、リスクを分

---

1)　健康保険組合は、会社とは別の法人格を持つ主体です。設立するには厚生労働大臣の
　　認可を受ける必要があります。

散しきれません。また、独自に組合を運営することも困難です。このため、全国の中小企業等で働く人を対象とする医療保険を、まとめて運営しているのが**全国健康保険協会（協会けんぽ）**です。

実際の保険料率は表 3-4 のとおりです。

表 3-4：運営主体（保険者）による保険料率の違い

	保険料率
健康保険組合 （1391 組合）	・各組合が、それぞれ**規約で定める** ・平均は 9.23％（健康保険組合連合会令和 3 年度健保組合予算早期集計）
協会けんぽ （保険者は 1 つ）	・全国ベースでは 10％ ・**都道府県を単位とした区域別に保険料が設定**されており、実際に適用される保険料率は、都道府県区域別に異なる。

● **労使折半**

この保険料を、労使折半、つまり、被保険者 50％、事業主 50％で負担します。例えば標準報酬月額が 22 等級の 30 万円で、保険料率が 10％であれば、月額の保険料

$$30 \text{万円} \times 10/100 \times 1/2 = 1.5 \text{万円}$$

を、被保険者と事業主が、それぞれ負担することになります。

そして、被保険者本人分[2]と事業主負担分の保険料の総額を、事業主がまとめて保険者に納付します。

---

2) 被保険者の保険料については、賃金を本人に直接支払わなければならない（直接払い）という労働法の原則の例外として、賃金からの控除（天引き）が、法律で認められています。

● 被扶養者

　保険料額は標準報酬月額に保険料率をかけて決まりました。では、被用者（サラリーマン）に子どもがいる場合、子どもの保険料はどうなるでしょうか？

　被用者保険では、被保険者により生計を維持されている家族（**被扶養者**）について、独自の保険料負担はありません。被扶養者の疾病・怪我による診療・出産も、**被用者が加入する健康保険からの給付の対象となる一方、負担（保険料額）は被保険者本人の報酬のみを基準とします。被扶養者の人数・年齢などは、保険料算定の際の考慮要素には入りません。**

　被扶養者の要件の詳細は、第4章の国民健康保険制度で説明します。

3 健康保険の 保険料を通じての考察

● 応能負担

　以上のように保険料額は、「標準報酬月額（標準賞与額）×保険料率」のみで計算されました。被保険者に家族（被扶養者）がいる場合も保険料は変わらず、給付を受けることができます。また、重い持病があっても、保険料率は変わりません。ここには、**第1章で取り扱った、一般の保険の原理である「リスクに応じた負担」「給付・反対給付均等の原則」は成立しません。**

　負担能力を示す所得に応じて保険料負担も大きくなる**応能負担**が徹底された仕組みとなっています。これは、**給与により所得を正確に把握でき、リスクに代る公平な負担の基準**を、**社会的に合意できる**からこそ成り立つ仕組みであり、健康保険制度の公的社会保険としての大きな特徴です。

● 事業主負担

　健康保険制度の、もう一つ注目のポイントは、仕事ではなく日常生活、プライベートでの怪我・病気の保障を行っている点です。業務上の怪我・病気は、労働者災害補償保険（労災保険）があり、全額事業主が負担します（第11章参照）。では、健康保険の保険料の半分を、何故、事業主が負担するのでしょうか？

　この点、島崎（2011）[3] によると、法律の作成にかかわった人の説明として、①従業員が保障されることで事業主にもメリットが

あること、②労働者を使用することに伴う責任を考慮したものであることを挙げています。また、③**従来から事業主は共済組合を組織して２分の１程度の補助を行い労働者の救済を行っていた**ことも挙げています。

そこで、椋野・田中（2020）[4] により、日本の健康保険制度がモデルとした**ドイツの社会保険制度の成立過程**に遡ります。

世界で最も早く近代化・産業化が進んだイギリスでは、豊かさとともに新たな貧困の問題が顕在化し、救貧法の体系化が進みました。住まいも職も持たない人のうち、働くことができる人には労役場で労働を強制する一方で、孤児や高齢者、障害者など働くことができない人々は、税により救済する仕組みです。

これに対し、**現に働いている商工業の同業者が、病気や怪我、障害、死亡などによる生活の困難に備え合う仕組み**は、中世からみられました。また、近代に入り、**産業革命後、大量に発生した工場労働者たち**も、**労働組合を通じて相互扶助の仕組み**を作りました。しかし、小規模の助け合いでは、給付水準も限られ財政も不安定になっていました。

そこで、働く人の備え合いを、**全国的に法律に基づく強制加入の仕組みに強化した（社会保険）**のが、**ドイツのビスマルク**です。工業化が遅れて進んだドイツでは、人口の都市集中、物価高、低賃金や労働者の大量解雇などが続き、労働争議や暴動の頻発など、労働問題が最大の社会問題となっていました。ビスマルクは、運動を取り締まる一方で、社会保険を世界で初めて立法化したのでした。

---

3)　引用文献：島崎謙治『日本の医療　制度と政策』東京大学出版会，2011，264頁
4)　引用文献：椋野美智子・田中耕太郎『はじめての社会保障　福祉を学ぶ人へ　第17版』有斐閣，2020，264頁

図 3-2：社会保険のはじまり

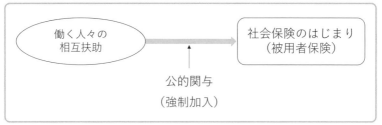

働く人々の
相互扶助

公的関与
（強制加入）

社会保険のはじまり
（被用者保険）

出典：著者作成

● 社会保障の役割と意義

　このように、社会保障（社会保険）は、**リスク分散**と**所得維持**により、**セーフティネット**を提供し、それを広く国民に提供することにより、**社会を安定化する役割**も果たしています。経済不況等により社会不安・不満が高まると、社会生活・経済生活の安定が損なわれてしまいます。現代においても海外で暴動が生じた事例があるのは、報道されているとおりです。**社会経済活動**を行うにあたって、**労使がともに協働して安定のための責任を負う基盤的ルール**としても、社会保険は機能を果たしているのです（第 13 章参照）。

図 3-3：社会保障の役割と意義

人々の生活の安定　　　社会の安定

社会保険　＝　社会基盤
セーフティーネット（リスク分散・所得維持）

出典：著者作成

第 **4** 章

医療保険制度③
国民健康保険制度

　前章の健康保険は、雇われて働いている人（被用者）を対象としているため「被用者保険」と呼ばれました。本章で扱う国民健康保険（国保）は、もともと自営業、農業の人などを対象とする公的医療保険です。勤め先で保険を作るのではなく、住んでいる地域で保険を設けるため「地域保険」と呼ばれます。

　国保は国民皆保険の受け皿として重要な制度ですが、高齢化や低所得など、地域の課題もそのまま反映されます。このため、国保を支える様々な仕組みが設けられています。

1 国民皆保険を支える 国民健康保険

　国民健康保険（国保）は、地域住民のうち、他の公的医療保険や生活保護（医療扶助）によってカバーされている人**以外のすべての人を対象**とします。国保が**公的医療保険の受け皿（最後の砦）**となることで、すべての国民が何らかの公的医療保険に強制加入する**国民皆保険**の仕組みが成り立っています。

　健康保険は勤め先での支え合いの仕組みから発展してきました（第3章参照）。その対象とならない人々に、地域単位で保険を提供する国保が、国民皆保険を支えています。このため、**国保の保険者は市区町村**となっています。また、**財政責任の観点から都道府県も**共同の保険者となっています。

● 被保険者の状況

　国保は、自営業、農林水産業の人々を被保険者と想定して、制度が創設されました。

　図4-1 を見ると、1965（昭和40）年度では、農林水産業、自営業に、42.1+25.4=67.5% の加入者が該当していました。しかし令和2年度には、2.3+16.6=18.9% にまで減少しています。この間、増加しているのが無職世帯、被用者世帯です。

　無職世帯は、現役世代の無職世帯もありますが、大きな割合を占めるのが、会社を退職した人々です。被用者保険を脱退して国保に加入するため、65歳以上、特に70〜74歳が多くなっています（図

4-2）。75歳以上になると、高齢者医療制度（第9章参照）に移ることになります。

図 4-1：世帯主(75歳未満)の職業別世帯数構成割合の年次推移(市町村・擬制世帯を除く)①

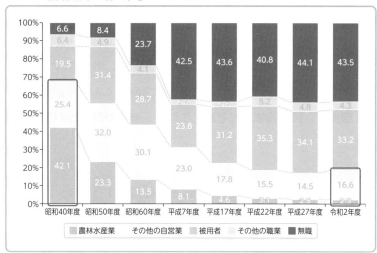

資料：厚生労働省「国民健康保険実態調査 令和2年度（調査結果の概要)」

図 4-2：世帯主年齢階級別、職業別、世帯数割合（擬制世帯を除く）

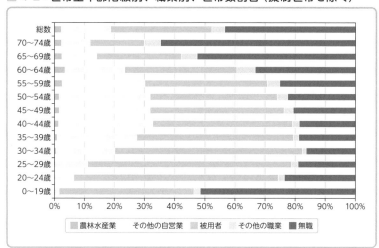

資料：厚生労働省「国民健康保険実態調査 令和2年度（調査結果の概要)」

2 国民健康保険と健康保険の適用区分

　先ほどの国保の加入者統計には、被用者が含まれていました。被用者保険があるのに、なぜ国保に被用者が加入しているのでしょうか。これは、健康保険には会社の従業員全員が加入できるのではなく、**事業所、被保険者それぞれについて、要件がある**ためです。

● 事業所要件

　まず、事業所の要件です。次の①か②に該当する事業所は、健康保険・厚生年金保険の適用対象となり、**強制適用事業所**と呼ばれます。

---

①法人の事業所（従業員数を問わない）
②常時５人以上の従業員を使用する事業所で、以下の事業を行う事業所
　　製造業、土木建築業、鉱業、電気ガス事業、運送業、清掃業、物品販売業、金融保険業、保管賃貸業、媒介周旋業、集金案内広告業、教育研究調査業、医療保健業、通信報道業など

　反対に、強制適用事業所にならない事業所は、

ⅰ）個人事業主で従業員が４人以下の事業所
ⅱ）個人事業主で飲食の事業等（上記の②に該当しない事業）を行う事業所

が典型例になります。**法人は、業種・従業員数にかかわらず強制適用**です。

強制適用でない事業所も適用事業所となることができます（**任意適用事業所**）。任意適用事業所になるためには、事業所で働く半数以上の人が適用事業所となることに同意し、事業主が手続きを行います。適用された場合には、強制適用事業所と同じ扱いとなります。

●**被保険者要件**

被保険者についての要件です。従業員のうち、パートタイム労働・アルバイトの人は、以下の要件に該当すれば健康保険の被保険者となり、該当しない場合には、国保が適用されるか、健康保険の被扶養者になります。

①1週間の所定労働時間および1か月の所定労働日数が、同じ事業所で同様の業務に従事している**通常の労働者の4分の3以上**である場合
②上記①の要件を満たさない場合でも、**次の5要件を全て満たす場合（適用拡大）**
・週の所定労働時間が20時間以上あること
・雇用期間が2か月以上見込まれること
・賃金の月額が8.8万円以上であること
・学生でないこと

以上をまとめると、図 4-3 のようになります。**健康保険の適用要件**を確認して、**健康保険の被保険者・被扶養者に当てはまらない人が国保の被保険者**になります。国民健康保険が、国民皆保険の受け皿となっていることが分かると思います。

図 4-3：国民皆保険の受け皿となる国民健康保険

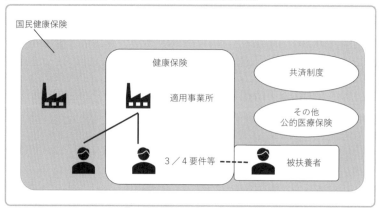

出典：著者作成

　なお、被保険者要件の拡大は、事業所の規模に応じて段階的に進められています。従来は、従業員数 501 人以上の事業所のみが対象でしたが、2022（令和 4）年 10 月から 101 人以上の事業所に、2024（令和 6）年 10 月から従業員数 51 人以上の事業所に拡大されます。

3 国民健康保険の給付

　国民健康保険の給付のうち、病院・診療所にかかった場合の給付、すなわち、現物給付の内容（保険診療）に健康保険との違いはありません。また、現金給付のうち、高額療養費、出産育児一時金のように、医療サービスに関連する給付も、ほぼ同じです。

　ただし、傷病手当金は被用者（賃金で生活している者）であることを前提として、会社等を休業して賃金を受けられない期間の生活の安定のため、標準報酬月額を基礎に算定・給付されていました。農業・自営業を主な対象とした地域保険であり、**雇われて賃金を支払われる関係を主たる対象者で想定していない国保**では、傷病手当金は、通常、設けられていません[1]。条例で給付を設けることもできますが、追加給付を行う余力のある国保は少ないのが現状です。

---

1)　このため、自営業の人などは、公的医療保険ではなく、民間保険会社が提供する就労不能保険に加入することもあります。

4 国民健康保険の保険料

● 保険料を誰が定めるか

　国民皆保険を支える国保の加入者は、無職者、非正規雇用者、退職高齢者が多くなっています。健康保険に比べると**収入が低いと考えられる被保険者が多く加入**していますが、どのような保険料の算定の仕組みとなっているのでしょうか。

　まず、保険料の算定方式ですが、**保険者である市町村が条例で**定めます。ただし、市町村では人口、高齢化率、財政力に大きな差があること、また、保険料算定方式の均衡を図ることから、**都道府県も財政責任の部分で市町村と共同の保険者**になっています。

● 保険料の算定方式

　国保の保険料の算定方式は条例で定められるため、市町村ごとに異なりますが、算定に当たって考慮する項目が４項目定められています。

　所得割、資産割は、収入、資産など、**負担能力**に着目しています。

　均等割、平等割は利用するサービス量を反映する、人・世帯に着目しています（**応益負担**）（図 4-4）。

　健康保険と比べると、住民がそれぞれ「被保険者」となり、被扶養者の仕組みがないことが特徴です。

　国保の保険料の算定を、自営業世帯で、世帯主、配偶者、子ども（10 歳）１人の３人世帯を例に考えてみましょう（図 4-5）。

図 4-4：応能負担と応益負担の算定項目

出典：著者作成

図 4-5：3人世帯における算定例

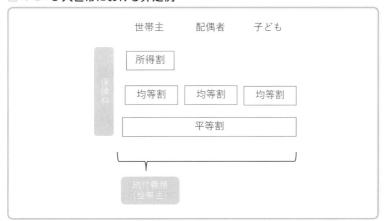

出典：著者作成

所得割は所得のある人（世帯主）にかかります。

均等割は、個人単位でかかります（3人）。

平等割は、世帯単位でかかります（1世帯）。

そして世帯主が、まとめて保険料を納付する義務を負います。

実際の保険料の算定方式は、自治体ごとに異なりますが、図4-6

図 4-6：算定式のパターン

出典：著者作成

の３パターンがあります。

　なお、高齢者医療制度（第９章参照）では、所得割と均等割による「２方式」が採用されています。資産割、平等割は用いられていません。

● 健康保険との違い

　以上が国民健康保険料の算定方式ですが、健康保険との違いを３点、確認しておきます。

　１点目は、すでに説明したとおり、**被扶養者がない**ことです。世帯の全ての人がそれぞれ被保険者となり、保険料の算定に当たって考慮されます。

　２点目は、**事業主負担がない**ことです。自営業、無職の人など、個別の職場との結びつきがない人には、被保険者と一緒に保険料を負担する雇い主が存在しません。これは、保険の財政基盤の確保の仕組みに影響します。

　３点目は、**応益負担が導入されている**ことです。健康保険では、標準報酬月額に保険料率を乗じて保険料額を算定し、被扶養者は保険料計算で考慮されません。一方、国保の保険料は、**所得と人数を組み合わせたハイブリッド**になっています。これは、**保険料算定の**

基準を、どれだけ公平に設定できるかが異なっていることによるものです。

　健康保険はサラリーマンの保険で、給与により所得を正確に把握でき、リスクに代る公平な負担の基準を社会的に合意することができました。このため、標準報酬のみに着目し応能負担を徹底することができました。これに対し、自営業グループの場合には、所得の把握や、所得と生活水準との連動に、様々な形態があり、共通のルールを設けることが難しく（いわゆる所得捕捉の問題）、応能負担と応益負担を組み合わせた方式がとられています。

　しかし、国保の被保険者は、無職者、非正規雇用の人、高齢退職者などが多くを占めており、保険料が被保険者の収入に比して重くなり過ぎないか懸念されます。そこで、**保険料の軽減措置**が講じられています。

● 保険料の軽減措置

　国保の保険料については、総所得が一定額以下の世帯について、応益負担の均等割額を減額する措置が講じられています。

　4月1日を基準時点として、その年度の保険料に適用されます。

　応能負担分と合わせて、世帯の所得と保険料負担の関係をグラフ

表 4-1：総所得ごとの減額内容

総所得	減額内容
33万円以下の世帯	均等割額の **7割**を減額
33万円に被保険者1人につき28.5万円を加算した金額以下の世帯	均等割額の **5割**を減額
33万円に被保険者1人につき52万円を加算した金額以下の世帯	均等割額の **2割**を減額

資料：厚生労働省資料をもとに著者作成

にすると、図 4-7 のようになります。もともと応能負担部分は負担能力が考慮されていますが、応益負担部分についても、世帯所得に応じて「7割」「5割」「2割」が軽減され、負担能力に応じた保険料額となるように配慮が行われています。

　さらに、2022（令和4）年4月からは、子どもに係る国民健康保険料等の均等割額の減額措置が導入されています（図 4-8）。

図 4-7：世帯の所得と保険料負担の関係（軽減イメージ）

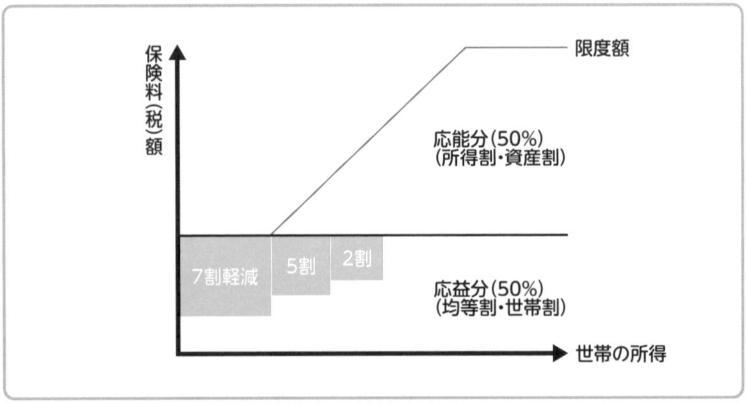

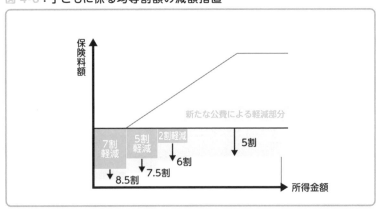

資料：厚生労働省「第 140 回社会保障審議会医療保険部会（令和 3 年 2 月 12 日）」資料3，p.31 を一部改変

図 4-8：子どもに係る均等割額の減額措置

資料：厚生労働省「第 140 回社会保障審議会医療保険部会（令和 3 年 2 月 12 日）」資料3，p.6 を一部改変

5 国民健康保険の財政①
～学習の視点～

　次に、国保の全体収支（財政）について学びます。国保の加入者は、無職者、非正規雇用労働者が多く、保険料負担能力が高くありません。また、低所得者に配慮した保険料軽減措置も設けられています。さらに、被用者保険にあった事業主負担もありません。

　一方、第1章で説明したとおり、支出に見合うだけの収入がなければ、保険事業を継続して運営することができません（収支相等の原則）。このため、特に財政の厳しい国保に重点を置き、多額の国費も用いて、財政調整・財政支援が行われています。

6 国民健康保険の財政②
～概要～

　図4-9 が国保の財源構成です。2020（令和2）年度予算ベース（予算作成段階の見通し）で、総額約11兆円です。

　右側の④の50％は、公費（税金）負担の部分です。左側の⑧の50％は、保険料負担の考え方によりつつ、公費による支援、再保

図4-9：国民健康保険の財源構成

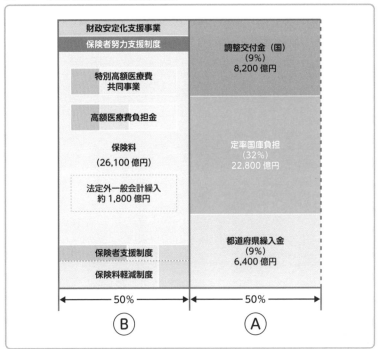

資料：厚生労働省「第125回社会保障審議会医療保険部会（令和2年2月27日）」参考
　　　資料，p.28 を一部改変

険によるリスク分散を行っている部分です。

給付費公費負担①（定率負担）〜安定性の底上げ〜

公費負担について、定率負担と調整交付金の順に説明します。

定率負担は保険給付の費用の一定率を補助するものです。例えば、100万円の医療費で7割給付（一部自己負担3割）であれば、保険者が支払う給付額は70万円になります。そのうち、

国：70万円　×　32/100

都道府県：70万円　×　9/100

のように、**保険者が支払う額の一定割合**を公費が負担するもので、**財政の安定性の底上げ**の役割を果たしています。

給付費公費負担②（調整交付金）

これに対して「調整交付金」は、都道府県単位での財政力の不均衡（≒所得水準の格差）を調整するための交付金です。

財政力が低いところには多く、財政力が高いところには少なく交付することにより、実質的に、**保険者間（地域間）で再配分**を行っています。

図4-10は、都道府県ごとの交付実績です。細かく見てもらう必要はありませんが、東京、神奈川、愛知の交付金が少ない、裏を返せば、所得水準が高いことが反映されています。

保険料公費負担（低所得者と中間所得者への支援）

国保の給付費の50％は保険料で賄うのが基本ですが、国保が直面する厳しい財政状況に対応するため、⑧の部分にも**様々な公費**が入っています。

図 4-10：都道府県ごとの調整交付金の交付実績（被保険者一人あたり）

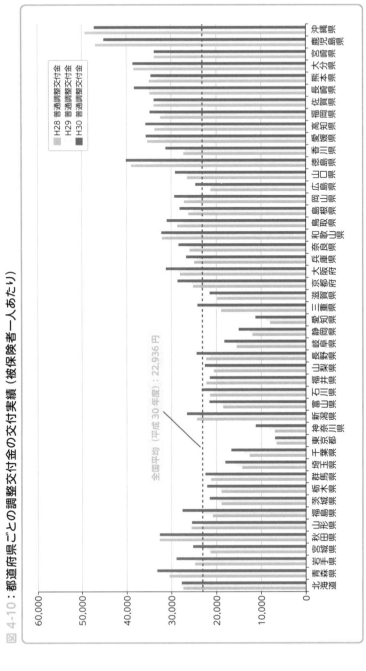

資料：厚生労働省「第 125 回社会保障審議会医療保険部会（令和元年 2 月 27 日）」参考資料、p.35

(a)「保険料軽減制度」

保険料の軽減分を、公費により、保険者の収入として支援する制度です。

(b)「保険者支援制度」

低所得の加入者が多いと、所得のある人の一人あたり保険料負担は大きくなります。地域間の所得差に着目し、低所得の加入者が多い地域で、**中間所得者の負担が大きくなり過ぎないように支援する制度**です。

保険料免除措置と組み合わせて、どの部分に対する補助であるかを図示すると、**図 4-12** のようになります。

図 4-11：国民健康保険の財源構成

図 4-12：保険料負担の軽減と財政支援

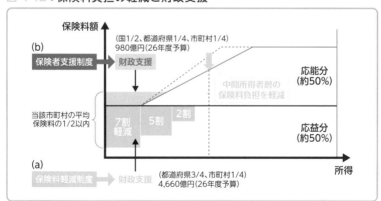

資料：厚生労働省「第 83 回社会保障審議会医療保険部会（平成 26 年 10 月 29 日）」資料, p.82

　2018（平成30）年から、市町村とともに、**都道府県が財政面で保険者として責任**を負うようになりました。従来の市町村単位の保険者の、①年齢が高く医療費水準が高い、②低所得者が多い、③小規模保険者が多いといった、構造的な課題に対応するためです。

図 4-13：**財政の都道府県単位化**

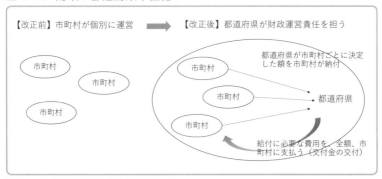

資料：厚生労働省資料をもとに著者作成

　都道府県は、具体的には次のように財政を管理します。

> ①都道府県内で**公平に支え合うため**、都道府県が市町村ごとの**年齢・医療費水準や所得水準**に応じた国保事業費納付金（保険料負担）の額を決定し、各市町村が都道府県に納付します。
> ②保険給付に必要な費用は、全額、保険給付費等交付金として都道府県から市町村に対して支払います。

　市町村の年齢・医療費水準や所得水準を調整したうえで、**統一基準により市町村保険者が負担する額が算定される**ので、**都道府県内での公平な負担と再分配**により、**市町村国保の財政状況の透明化と**

安定化が図られます。

　なお、都道府県の保険者としての業務は財政運営・財政管理に限られ、直接の住民サービスに関わる給付事務、保険料の最終的な決定・徴収、保健事業は、引き続き市町村が保険者として責任を有します。

● 共同事業（再保険）

　高額な医療費（レセプト）については、保険者の負担を平準化するため、**公費負担**と**再保険**が用いられています。

　公費負担については、1件80万円以上のレセプトは国と都道府県が1／4ずつ負担し、その結果、市町村は1／2の負担となる「高額医療費負担金」があります。

　さらに、1件420万円超のレセプトについては、都道府県をまたいで全国レベルでの再保険を行う仕組みとなっています。

図 4-14：高額レセプトへの対応

● 再保険

　保険者といえども、単独で負担できる範囲には限界があります。このため、保険者が共同で再保険料をプールし、多額の支払いに備

えるのが、再保険です。単独の保険者では分散しきれないリスクを、保険者間でさらに分散させる仕組みです。

図 4-15：**再保険の仕組み**

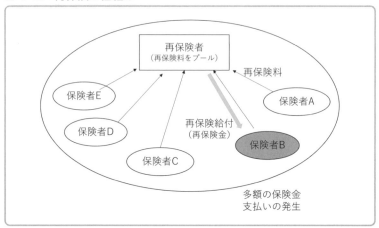

出典：著者作成

● 社会保険の権利性

　全体を重ねると本節の最初の図（58頁参照）になりますが、**保険料50％部分に、実際には公費が相当額入っている**点に注目してください。給付費に対する国庫負担ではなく、**保険料に対する補助として位置付け**られています。

　これには2つの点での意味があると考えられます。

　一つは、**「社会保険」における給付に対する「権利性」**です。社会保険制度の長所には、保険料拠出の対価性から、保険事故の発生により給付を受けることが、**被保険者の権利として明確**になっていることがあります。ところが、この保険料拠出が50％ではなく、40％、30％、20％となったときに、権利性はどうなるでしょうか。"保険事故が発生すれば給付を受けられる"という保険的手法を維

持できるでしょうか。公的扶助のように、ミーンズテストの導入が検討されることにならないでしょうか。**税財源による支援や給付は、給付を基礎付ける理論的基盤を考慮しておかないと、結果として「給付を受ける具体的権利」を不安定にする可能性**があります。

このため、保険料軽減制度などは、被保険者が保険料を負担する基本構成は維持しつつ、被保険者の負担を公費が補助をしている、つまり**保険料を支払う個人に対する補助であるとの考え方**が制度の背景にあると考えられます。

図 4-16：保険料公費負担の考え方とお金の流れ

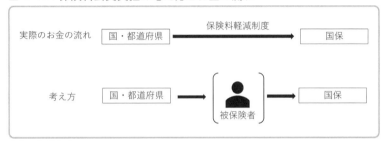

出典：著者作成

もう一点は、財源確保の方法との関係です。**低所得者対策の費用は 7000 億円に上りますが、これは、近年、拡充を図ってきた結果**です。この**対策を安定的に実施するための恒久財源**は、消費税の引き上げにより確保されました。**消費税率が 5 ％から 10%に引き上げられましたが、その増収分を充てることによって、低所得者対策の拡充が実現**しています（**社会保障の充実**）。消費税を財源とする場合、**低所得の人も含めた誰もが負担者にもなり、支えられる側であると同時に支え手にもなります**。このため、支え合いの仕組みの中で、**サービス受給の権利性を、より強いもとのすることが可能**と考えられます。

7 公的医療保険制度による所得再配分

　ここで、これまで学習した公的医療保険制度を比較してみましょう。ポイントは、加入者一人あたり平均所得、その中の一世帯あたり所得と、公費負担の関係です。平均所得が低い制度ほど、国庫補

表 4-2：各保険者の比較

	市町村国保	協会けんぽ	組合健保	共済組合
保険者数 （平成30年3月末）	1,716	1	1,394	85
加入者数 （平成30年3月末）	2,870万人 （1,816万世帯）	3,893万人 （被保険者 2,320万人 被扶養者 1,573万人）	2,948万人 （被保険者 1,649万人 被扶養者 1,299万人）	865万人 （被保険者 453万人 被扶養者 411万人）
加入者平均年齢 （平成29年度）	52.9歳	37.5歳	34.9歳	33.0歳
65～74歳の割合 （平成29年度）	41.9%	7.2%	3.2%	1.5%
加入者一人あたり 医療費 （平成29年度）	36.3万円	17.8万円	15.8万円	16.0万円
加入者一人あたり 平均所得 （平成29年度）	86万円 （一世帯あたり 136万円）	151万円 （一世帯あたり 254万円）	218万円 （一世帯あたり 388万円）	242万円 （一世帯あたり 460万円）
加入者一人あたり 平均保険料 （平成29年度） <事業主負担込>	8.7万円 （一世帯あたり 13.9万円）	11.4万円 <22.8万円> 被保険者一人あたり 19.1万円 <38.3万円>	12.7万円 <27.8万円> 被保険者一人あたり 22.7万円 <49.7万円>	14.2万円 <28.4万円> 被保険者一人あたり 27.1万円 <54.1万円>
保険料負担率	10.2%	7.5%	5.8%	5.9%
公費負担	給付費等の50% ＋保険料軽減等	給付費等の 16.4%	後期高齢者支援金 等の負担が重い保 険者等への補助	なし
公費負担額 （令和元年度予算 ベース）	4兆4,156億円 （国3兆1,907億円）	1兆2,010億円 （全額国費）	739億円 （全額国費）	

資料：厚生労働省 HP を一部改変

66

助が大きくなっています。

　協会けんぽも、保険給付費の 16.4％ が国庫補助の対象となっています。中小の適用事業所が多く、標準報酬月額も大企業の健康保険組合に比べて低くなります。このため、保険料率の格差が生じないように、国庫補助を行っています。

　全国民が平等に医療サービスを受けることができるよう、低所得グループに重点的に支援を行っています。公的医療保険制度は、**医療サービスを提供するだけでなく、その財政支援を通じて、実質的な所得再配分を行っている**のです（第 13 章参照）。

介護保険制度

　介護保険は介護サービスの費用を保障しています。医療サービスの費用を医療保険が保障するのと同様に、現物給付の仕組みが用いられています。

　介護保険は医療保険をベースに、被用者保険、地域保険を組み合わせて創設されました。医療保険との対応も意識しながら、学習を進めましょう。社会全体で高齢者の尊厳ある生活を支える理念、それを実現するための公平な負担の仕組みについて理解を深めてください。

　なお、地域包括ケアを含む地域支援事業も介護保険制度の重要な項目ですが、社会福祉士養成課程では他の科目で学習するため、本章では制度の目的、保険者、保険料、財政等を中心に扱います。

1 介護保険制度の沿革

　高齢化の進展に伴い、様々な高齢者施策が講じられる中で、**家族だけで、または、既存の老人福祉制度（措置制度）・老人医療制度で支えることの限界**が明らかになってきました（第 13 章参照）。

図 5-1：介護保険創設の背景

【背景】
- 高齢化の進展に伴い、<u>要介護高齢者の増加</u>、<u>介護期間の長期化</u>など、介護ニーズはますます増大。
- 一方、<u>核家族化の進行</u>、<u>介護する家族の高齢化</u>など、要介護高齢者を支えてきた家族をめぐる状況も変化。
- 従来の老人福祉・老人医療制度による対応には限界。

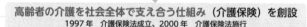

高齢者の介護を社会全体で支え合う仕組み（介護保険）を創設
1997 年　介護保険法成立、2000 年　介護保険法施行

【基本的な考え方】
- 自立支援…単に介護を要する高齢者の身の回りの世話をするということを超えて、高齢者の自立を支援することを理念とする。
- 利用者本位…利用者の選択により、多様な主体から保健医療サービス、福祉サービスを総合的に受けられる制度
- 社会保険方式…給付と負担の関係が明確な社会保険方式を採用

資料：厚生労働省 HP（介護保険制度の概要）

　このため、高齢者自身の意思に基づく自立した質の高い生活を支援する観点から、利用者本位にサービスを受けられる**社会保険方式**が導入することとされました。これにより 1997（平成 9）年に介護保険法が成立し、2000（平成 12）年に施行されました。

（新介護システムの創設）

・かつてのように高齢者が限られた存在であった時代とは異なり、今や国民の半数以上が 80 歳を迎える社会になっている。しかも、年金制度は成熟化が進み、高齢者の経済的な自立への支えとして機能しつつある。このような中にあって、高齢者が自らの有する能力を最大限活かし、自らが望む環境で、人生を尊厳を持って過ごすことができるような長寿社会の実現が求められている。

　そのためには、これまで述べてきたように、介護に関連する既存制度の枠組みの中での対応には限界があることから、新たな基本理念の下で関連制度を再編成し、21 世紀に向けた「新介護システム」の創設をめざすことが適当である。

（高齢者の自立支援）

・今後の高齢者介護の基本理念は、高齢者が自らの意思に基づき、自立した質の高い生活を送ることができるように支援すること、つまり『高齢者の自立支援』である。

　従来の高齢者介護は、どちらかと言えば、高齢者の身体を清潔に保ち、食事や入浴等の面倒をみるといった「お世話」の面にとどまりがちであった。今後は、重度の障害を有する高齢者であっても、例えば、車椅子で外出し、好きな買い物ができ、友人に会い、地域社会の一員として様々な活動に参加するなど、自分の生活を楽しむことができるような、自立した生活の実現を積極的に支援することが、介護の基本理念としておかれるべきである。

資料：高齢者介護・自立支援システム研究会「新たな高齢者介護システムの構築を目指して（平成6（1994）年 12 月）」から抜粋

（注）下線は筆者による。

第5章　介護保険制度

2 制度の目的・保険者

● 目的

　介護保険では、「加齢に伴って生ずる心身の変化に起因する疾病等」により「要介護状態」となった場合に、給付が行われます。

表 5-1：介護保険法の目的（第 1 条）

> この法律は、
> ・**加齢に伴って生ずる心身の変化**に起因する疾病等により**要介護状態**となり、
> ・入浴、排せつ、食事等の介護、機能訓練並びに看護及び療養上の管理その他の医療を要する者等について、
> ・これらの者が尊厳を保持し、その有する能力に応じ自立した日常生活を営むことができるよう、
> ・必要な保健医療サービス及び福祉サービスに係る給付を行うため、
> ・国民の共同連帯の理念に基づき介護保険制度を設け、
> ・その行う保険給付等に関して必要な事項を定め、
> ・もって国民の保健医療の向上及び福祉の増進を図ることを目的とする。

　高齢者の介護を中心に議論され創設に至ったことから、**加齢に伴って生ずる心身の変化**に限定されていることがポイントです。この目的に沿って、保険給付の内容、被保険者の範囲が定められています。

● 保険者

　介護保険を運営する主体である**保険者は、市町村及び特別区（以下、市町村）**です。市町村が運営の主体となるのは国民健康保険と同様です（ただし、都道府県は保険者になっていません）。地域保険としての性格が強いのですが、被用者保険の仕組みも活用されています（後述）。

3 保険給付

　医療保険では被保険者（患者）が体調の変化を感じれば、医療機関を受診することができました（フリーアクセス）。そして、保険証を医療機関に提示することで、対象となる医療サービス（保険診療）を、現物給付で受けることができました。介護保険でも、**サービスを現物給付で利用する**ことができますが、**サービス利用に先立って要介護認定**を受け、**ケアプラン**を作成する必要があります。心身の状況の確認、介護の必要性の判定、本人の意向も踏まえた支援計画の作成、実行、再評価の流れ（**ケアマネジメント・PDCA**）が、**保険給付の手続きとして法定化**されています。

図 5-2：手続きの流れ

出典：著者作成

● 要介護認定

　要介護認定は、保険者である市町村が行います。申請を行うと市町村の認定調査員による心身の状況調査が行われます（**認定調査**）。これを踏まえてコンピュータによる一次判定が行われ、医師の意見書（**主治医意見書**）と合わせて、市町村の**介護認定審査会**で二次判定が行われます。これを踏まえて、保険者である市町村が要介護度

の認定を行います。

図 5-3：**要介護認定までの流れ**

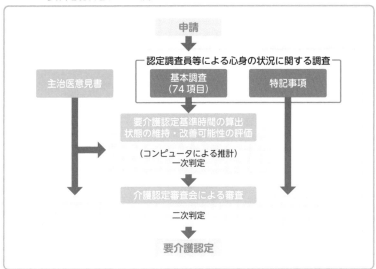

資料：厚生労働省 HP（介護保険制度の概要）

● **介護保険サービス**

　介護保険の対象サービスは、在宅の訪問系サービスから、施設への入所系サービスまで、心身の状況に応じて様々な類型があります。居住系サービスは、有料老人ホームや認知症グループホームにお住まいの人に対する介護等のサービスです。住居費等のホテルコストは含まれません。

　サービスの利用、利用者負担、事業者への介護報酬の支払いについては、医療保険の現物給付と同様です。医療保険サービスが「介護保険サービス」に、診療報酬が「**介護報酬**」に替わったものです。事業者が被保険者に代わって保険金を介護報酬として受け取るため、「**代理受領方式**」とも呼ばれます（利用者から見れば「現物給付」）。

第
5
章

介
護
保
険
制
度

75

表 5-2：介護保険サービスの体系

在宅	**訪問系サービス** 訪問介護、訪問看護、訪問入浴介護、居宅介護支援等
	通所系サービス 通所介護、通所リハビリテーション等
	短期滞在系サービス 短期入所生活介護等
	居住系サービス 特定施設入居者生活介護、認知症共同生活介護等
施設	**入所系サービス** 介護老人福祉施設、介護老人保健施設等

資料：厚生労働省 HP（介護保険制度の概要）をもとに筆者作成

図 5-4：支払いの流れ

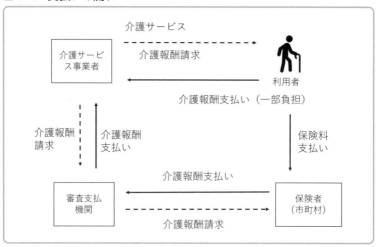

出典：著者作成

● ケアプラン

　居宅サービスを**現物給付**で受けるためには、あらかじめ**ケアプラン（居宅介護サービス計画）**を作成して保険者である市町村に提出する必要があります。これは、被保険者の心身の状況や家族の状態、住居などの環境、本人のニーズなどを踏まえて、**支援の目標や利用サービスの組み合わせを見える化し、共有するもの**であり、ケアマネジメントの基礎となります。**介護支援専門員（ケアマネージャー）**が作成するのが通例です。

● 支給限度額

　その際に保険で利用できるサービス量は、認定を受けた要介護度に応じて、月単位の**支給限度額**が設けられています。**1単位は10円**です。医療保険の診療報酬は「1点」でした。基本的に同様の仕組みです。

表 5-3：**要介護度ごとの支給限度額**

要介護度	支給限度額	概算額
要介護 5	36,217 単位	35 万円
要介護 4	30,938 単位	30 万円
要介護 3	27,048 単位	25 万円
要介護 2	19,705 単位	20 万円
要介護 1	16,765 単位	15 万円
要支援 2	10,531 単位	10 万円
要支援 1	5,032 単位	5 万円

● 利用者負担

　介護サービス費の9割は保険から支払われ、被保険者は残り1割

を事業者に支払います。一定以上の所得がある人は、保険給付が8割又は7割（自己負担は2割又は3割）となります。施設サービスの場合には、食費、居住費、日常生活費も事業者に支払うこととなります。

図 5-5：利用者負担

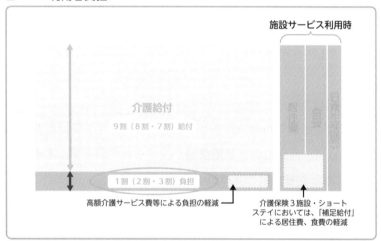

資料：厚生労働省 HP（介護保険制度の概要）

● 医療保険との相違点

　このように基本的に医療保険に倣った仕組みですが、相違点を確認しておきます。既に述べたとおり、医療保険では基本は出来高払いであるのに対して、介護保険では、先に要介護認定・ケアプランの作成があり、そのプランに沿ってサービス提供・保険給付が行われます。

　また、介護保険では、保険サービスと、保険内の支給限度額以上のサービス、保険外のサービスを組み合わせて利用することが自由にできます。他方、医療保険では、保険診療（保険で認められる医

療行為）と、保険外の診療行為を組みわせること（いわゆる混合診療）は、専門的に見て妥当な一定範囲に限られます[1]。これは、医療では、保険診療に加えて本当に治療上必要な行為であるかどうかを、患者側で判断することが困難である（**情報の非対称性**が大きい）ことが背景にあります。

表 5-4：介護保険と医療保険の違い

	介護保険	医療保険
保険給付	支給限度額の範囲内	出来高払い （入院医療は DPC へ移行）
保険外サービスとの 併用	自由	併用が認められる場合が 定められている

---

1) 「混合診療が禁止されている」と説明される場合もありますが、正しくは、安全性を担保する一定の科学的評価のもと認められています（保険外併用療養費制度）。また、組み合わせではなく、全てを保険外の自費で行うことは自由です（自由診療）。

4 被保険者

　次に、被保険者から見える制度の特徴です。介護保険の対象となる被保険者は、**65歳以上の第1号被保険者**と、**40〜64歳の第2号被保険者**の2区分があります。被保険者は、要支援・要介護状態になった場合に、介護保険から給付を受けることができます。ただし、第2号被保険者が給付を受けるのは、**特定疾病**[2] に起因するものに限られます。介護保険制度は「加齢に伴って生ずる心身の変化に起因する疾病等」による要介護状態を保険事故としているためです。

　被保険者本人への給付範囲は限られることになりますが、40歳以上になると、自分自身の高齢の親を介護する際に、介護保険を利用することが多くなります。サービスを直接利用する人だけでなく、家族、その家族を従業員とする企業を含み、社会全体もメリットを受けています。だからこそ、**家族・家庭での介護**を、**「社会」で対応する社会保険の仕組みに移行したのです。**

---

2)　がん、関節リウマチ、筋萎縮性側索硬化症など16種類の疾病。

表 5-5：介護保険の被保険者

	第1号被保険者	第2号被保険者
対象者	65歳以上の者	40歳から64歳までの医療保険加入者
人数	3,440万人 （65〜74歳：1,745万人 75歳以上：1,695万人） ※1万人未満の端数は切り捨て	4,200万人
受給要件	・要介護状態 （寝たきり、認知症等で介護が必要な状態） ・要支援状態 （日常生活に支援が必要な状態）	要介護、要支援状態が、末期がん・関節リウマチ等の加齢に起因する疾病（特定疾病）による場合に限定
要介護（要支援）認定者数と被保険者に占める割合	619万人（18.0%） （65〜74歳：75万人（4.3%） 75歳以上：544万人（32.1%））	13万人（0.3%）
保険料負担	市町村が徴収 （原則、年金から天引き）	医療保険者が医療保険の保険料と一括徴収

(注) 第1号被保険者及び要介護（要支援）認定者の数は、「平成28年度介護保険事業状況報告年報」によるものであり、平成28年度末現在の数である。第2号被保険者の数は、社会保険診療報酬支払基金が介護給付費納付金額を確定するための医療保険者からの報告によるものであり、平成28年度内の月平均値である。

資料：厚生労働省HP（介護保険制度の概要）

5 保険料

　介護保険の保険料は、第1号被保険者と第2号被保険者で、算定方法が異なります。第1号被保険者の保険料は、地域保険の国民健康保険に類似しています。第2号被保険者の保険料は、医療保険の保険料とセットで算定・徴収される仕組みです。

● 第1号保険料

　第1号被保険者は、**所得の状況（所得）に応じた定額の保険料**になります。所得に保険料率を乗じるのではなく、所得区分により定額です。所得区分は、保険者である市町村が条例で定めますが、標準として9段階が示されています。

図 5-6：所得段階と介護保険料

資料：厚生労働省資料をもとに著者作成

　消費税率の引き上げによる安定財源確保により、低所得者の保険料軽減が実現したのも、国保と同じです。

図 5-7：介護保険料の軽減強化（消費税による社会保障の充実）

介護保険の1号保険料について、給付費の5割の公費とは別枠で公費を投入し低所得の高齢者の保険料の軽減を強化

①一部実施（平成27年4月）
市町村民税非課税世帯のうち、特に所得の低い者を対象
（65歳以上の約2割）

	保険料基準額に対する割合
第1段階	0.5 → 0.45

②完全実施（令和元年10月）
市町村民税非課税世帯全体を対象として完全実施（65歳以上の約3割）

	保険料基準額に対する割合
第1段階	0.45 → 0.3
第2段階	0.75 → 0.5
第3段階	0.75 → 0.7

※公費負担割合
国 1/2、都道府県 1/4
市町村 1/4

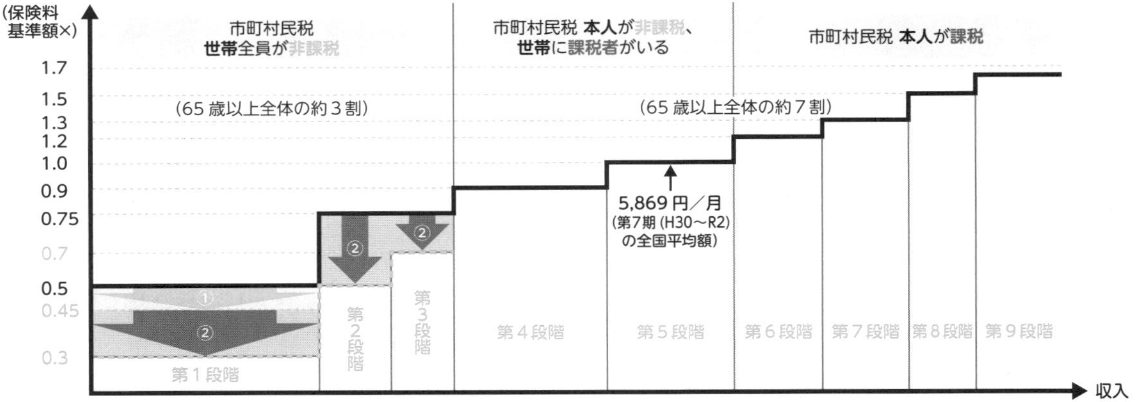

（保険料
基準額×）

1.7
1.5
1.3
1.2
1.0
0.9
0.75
0.7
0.5
0.45
0.3

収入

市町村民税
世帯全員が非課税
（65歳以上全体の約3割）

市町村民税 本人が非課税、
世帯に課税者がいる

市町村民税 本人が課税

第1段階
第2段階
第3段階
第4段階
第5段階
第6段階
第7段階
第8段階
第9段階

5,869円／月
(第7期(H30〜R2)
の全国平均額)

(65歳以上全体の約7割)

資料：厚生労働省資料

83

　第2号被保険者は、加入している**医療保険（健康保険、国民健康保険など）と同様の方法で保険料が算定**され、**医療保険とセットで徴収されます**。例えば被用者保険では、標準報酬月額に介護保険料率をかけた額となり、医療保険料との合算額が徴収されることとなります。

　下の表は、協会けんぽのホームページに掲載されている東京支部の保険料率、保険料額を示した表です。

表 5-6：協会けんぽ（東京支部）の保険料率、保険料額（令和 4 年 4 月納付分）

標準報酬		報酬月額			全国健康保険協会管掌健康保険料			
					介護保険第 2 号被保険者に該当しない場合		介護保険第 2 号被保険者に該当する場合	
等級	月額				9.81%		11.45%	
					全額	折半額	全額	折半額
		円以上		円未満				
1	58,000		～	63,000	5,689.8	2,844.9	6,641.0	3,320.5
2	68,000	63,000	～	73,000	6,670.8	3,335.4	7,786.0	3,893.0
3	78,000	73,000	～	83,000	7,651.8	3,825.9	8,931.0	4,465.5
4(1)	88,000	83,000	～	93,000	8,632.8	4,316.4	10,076.0	5,038.0
5(2)	98,000	93,000	～	101,000	9,613.8	4,806.9	11,221.0	5,610.5

資料：協会けんぽ HP

　「介護保険第 2 号被保険者に該当しない場合」は、医療保険のみの保険料率が適用されます。介護保険第 2 号被保険者に該当する場合（40 歳以上）には、介護保険料 1.64% を加えた額をあわせて納付する必要があります。そして、被用者保険では保険料は労使折半で負担するため、「全額」と「折半額」が記載されています。介護保険を通じて、**事業主も高齢者の地域での生活を支える仕組みに参画しています**。

6 財政

　保険給付は、図5-8の円グラフのように、保険料で50%、税金で50%を賄う仕組みです。

　右側の公費は、国が1/2、都道府県と市町村が1/4ずつを負担します。全体に占める割合は、国が25%、都道府県、市町村が12.5%です。国民健康保険と同様に「調整交付金」が国庫負担で5%

図5-8：介護保険の財源構成と規模（30年度予算　介護給付費:10.3兆円）総費用ベース：11.1兆円

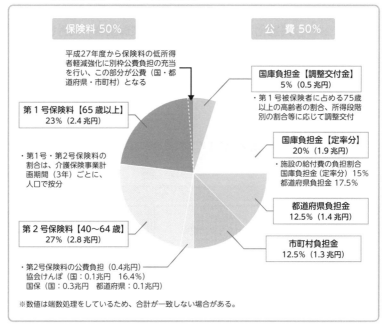

資料：厚生労働省HP（介護保険制度の概要）

あります。

　左側の保険料も50％です。第1号保険料率は23％、第2号保険料率は27％です。第2号保険料の27％のうち、被用者保険加入者分については、保険料で説明したとおり、事業主負担も含まれます。

● 世代間負担バランスの自動調整

　保険料負担部分のうち、第1号被保険者（23％）と第2号被保険者（27％）の負担割合は、**それぞれの被保険者の総数の割合**によって定められます。この割合は介護保険事業計画のサイクル（3年）ごとに見直され、**高齢化が進み、第2号被保険者の人数割合が減ると、それに応じて第2号被保険者の負担割合も減る仕組み**となっています。

　これにより、**高齢化が進んでも、第1号被保険者（高齢世代）と第2号被保険者（現役世代）の一人あたり保険料は均等**になります。**世代間の負担のバランスを自動的に調整する仕組み**が埋め込まれているのです。

図5-9：介護保険の加入関係と第1号被保険者と第2号被保険者の総人数比

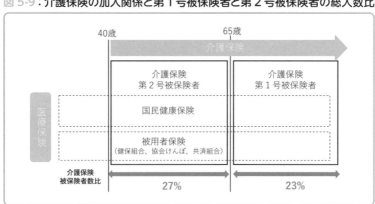

出典：著者作成

第 6 章

年金制度①
老齢年金

　公的年金制度は、老齢、障害又は死亡を保険事故としています。老齢による所得の喪失への保障だけではありません。

　国民年金制度により、20歳以上の全ての国民を対象とする皆年金制度が実現しています。

　国民年金では、働き方・暮らし方によって第1号被保険者、第2号被保険者、第3号被保険者に区分されます。医療保険の加入区分との対応を意識してください。

　被用者である第2号被保険者は、上乗せ部分もセットになった厚生年金に加入します。給付も、基礎年金（定額）と厚生年金（報酬比例）がセットになります。

　物価、賃金など社会経済の変動へ対応するため、年金の実質価値を維持するための工夫が行われています。

1 国民皆年金

　日本の公的年金制度は、**20歳以上の全ての人が加入**する**国民年金制度**により**皆年金**が実現しています。そのうえで、会社員や公務員等の被用者（医療保険での健康保険・共済加入者）は、**上乗せ部分もセットになった厚生年金**に加入します（**2階建て**）。

図 6-1：年金制度の仕組み

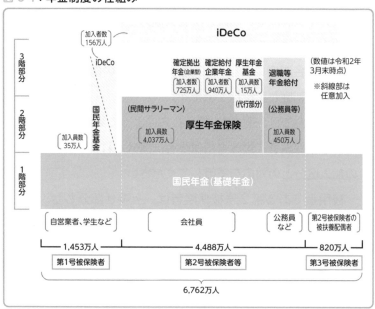

資料：厚生労働省（令和3年度　年金制度のポイント）を一部改変

● **公的医療保険との比較**

　医療保険では、健康保険制度と国民健康保険制度（以下、国保）

に加入者が分かれ、全体として皆保険を実現していました。つまり、国保が最後の砦・受け皿となっていました。これに対し、**年金は国民年金制度が、まず全体をカバー**しています。そのうえで、被用者年金が上乗せされる構造です。この上乗せ部分に入る被用者本人は、国民年金では第2号被保険者と区分されます。その被扶養配偶者は第3号被保険者と区分されます。そして第2号、第3号に該当しない人が国民年金第1号被保険者となります。この第1号被保険者は、医療保険では国保加入者に該当します。

表 6-1：**国民年金の被保険者の区分**

区分	主な加入者		医療保険の適用
第1号被保険者	自営業者、大学生等	日本国内に住所を有する20歳以上60歳未満の者であって、第2号被保険者、第3号被保険者でない者	国民健康保険
第2号被保険者	会社員、公務員等	厚生年金保険の被保険者	健康保険（本人）
第3号被保険者	専業主婦（夫）等	第2号被保険者の被扶養配偶者であって20歳以上60歳未満の者	健康保険（被扶養者）

図 6-2：**国民年金の被保険者区分の全体イメージ**

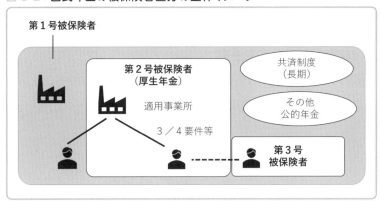

出典：著者作成

2 厚生年金保険制度

　公的年金制度の中では、まず、被用者年金である厚生年金保険について扱います。

●目的

　労働者の老齢、障害又は（家計主の）死亡を保険事故（リスク）としています。**保障するリスクが、老齢だけではない**ことが、公的年金の大きな特色です（国民年金も同じ）。

表 6-2：リスクごとの年金の種類

リスク	年金の種類	受給資格者
老齢	**老齢厚生年金**	被保険者
障害	**障害厚生年金**	被保険者
死亡	**遺族厚生年金**	被保険者の遺族

●保険者と事務の実施主体

　政府が保険者として運営しています。ただし、被保険者、受給者に対する事務は、基本的に**日本年金機構**が行います。

3 厚生年金保険の保険料

● 保険料額の計算

厚生年金保険の保険料は、次の式で計算されます。標準報酬月額を用いる点は健康保険と同じです。

> **標準報酬月額**（標準賞与額）×**保険料率**（18.3%）
>
> ＝厚生年金保険料額

● 労使折半

この保険料額を労使折半します。この労使折半も、健康保険、介護保険の第2号保険料と同じで、被用者保険の特徴です。

● 標準報酬月額～厚生年金の特徴・健康保険との違い～

標準報酬月額は基本的に健康保険と同じですが、上限と下限に違いがあります。表6-3の標準報酬月額の等級表（令和4年度協会けんぽ東京支部）の、太線で囲った部分に注目してください。

これは、年金制度では、標準報酬と給付水準が連動することが背景にあります。健康保険の給付は医療の必要性に応じて認められ、保険料負担水準は所得に応じていました（ただし、傷病手当金は標準報酬に連動します）。

厚生年金保険では、年金額の計算に標準報酬月額が用いられる（後

表 6-3 : 標準報酬月額の等級表

標準報酬		報酬月額		
等級	月額			
		円以上	～	円未満
1	58,000		～	63,000
2	68,000	63,000	～	73,000
3	78,000	73,000	～	83,000
4(1)	88,000	83,000	～	93,000
5(2)	98,000	93,000	～	101,000
6(3)	104,000	101,000	～	107,000
7(4)	110,000	107,000	～	114,000

等級	月額	円以上	～	円未満
33(30)	590,000	575,000	～	605,000
34(31)	620,000	605,000	～	635,000
35(32)	650,000	635,000	～	665,000
36	680,000	665,000	～	695,000
37	710,000	695,000	～	730,000
38	750,000	730,000	～	770,000
39	790,000	770,000	～	810,000
40	830,000	810,000	～	855,000
41	880,000	855,000	～	905,000
42	930,000	905,000	～	955,000
43	980,000	955,000	～	1,005,000
44	1,030,000	1,005,000	～	1,055,000
45	1,090,000	1,055,000	～	1,115,000
46	1,150,000	1,115,000	～	1,175,000
47	1,210,000	1,175,000	～	1,235,000
48	1,270,000	1,235,000	～	1,295,000
49	1,330,000	1,295,000	～	1,355,000
50	1,390,000	1,355,000	～	

◆介護保険第 2 号被保険者は、40 歳から 64 歳までの方であり、健康保険料率（9.81%）に介護保険料率（1.64%）が加わります。

◆等級欄の（　）内の数字は、厚生年金保険の標準報酬月額等級です。
　4（1）等級の「報酬月額」欄は、厚生年金保険の場合「93,000 円未満」と読み替えてください。
　35（32）等級の「報酬月額」欄は、厚生年金保険の場合「635,000 円以上」と読み替えてください。

◆令和 4 年度における全国健康保険協会の任意継続被保険者について、標準報酬月額の上限は、300,000 円です。

述）ため、**標準報酬月額が大きくなると、保険料も増額しますが、連動して年金給付額も大きくなります**。賦課方式をとり、基礎年金の１／２を国庫が負担する公的年金では、**国民の平均的な生活水準を保障することに重点を置いています**。このため、給付・負担ともに一定の上限が設けられており、より高い老後の生活水準の備えと

表 6-4 : 医療保険と年金保険の標準報酬月額等級の違い

	健康保険	厚生年金保険
上限	139 万円	65 万円
下限	5 万 8 千円	8 万 8 千円
（等級区分）	50 等級	32 等級

しては私的年金（3階部分）が用意されています。なお、下限の違いは国民年金との均衡を考慮して設定されています。

● 社会保険料全体を見ると

　健康保険、介護保険、厚生年金保険を合わせると、下の表になります。

表 6-5：**協会けんぽ東京支部の社会保険料**　　　　　　（単位：円）

標準報酬		報酬月額	全国健康保険協会管掌健康保険料				厚生年金保険料 （厚生年金基金加入員を除く）	
			介護保険第2号 被保険者に 該当しない場合		介護保険第2号 被保険者に 該当する場合		一般・坑内員・船員	
			9.81%		11.45%		18.300%	
等級	月額		全額	折半額	全額	折半額	全額	折半額
		円以上　　　　円未満						
1	58,000	〜　63,000	5,689.8	2,844.9	6,641.0	3,320.5		
2	68,000	63,000 〜　73,000	6,670.8	3,335.4	7,786.0	3,893.0		
3	78,000	73,000 〜　83,000	7,651.8	3,825.9	8,931.0	4,465.5		
4(1)	88,000	83,000 〜　93,000	8,632.8	4,316.4	10,076.0	5,038.0	16,104.00	8,052.00
5(2)	98,000	93,000 〜 101,000	9,613.8	4,806.9	11,221.0	5,610.5	17,934.00	8,967.00
6(3)	104,000	101,000 〜 107,000	10,202.4	5,101.2	11,908.0	5,954.0	19,032.00	9,516.00
7(4)	110,000	107,000 〜 114,000	10,791.0	5,395.5	12,595.0	6,297.5	20,130.00	10,065.00

資料：協会けんぽ HP

　被保険者それぞれに計算された、健康保険、介護保険、厚生年金保険の保険料の総額を、事業主が納付する義務を負います。なお、社会保障に関わる負担は、これらの保険料のほか、労働保険の保険料、子ども子育ての拠出金などがあります（第 10 章〜第 12 章参照）。

4 厚生年金保険の老齢給付

● 年金給付額の計算

　厚生年金被保険者であった人が年金受給開始可能年齢になると、申請により、定額の老齢基礎年金と、報酬比例の老齢厚生年金を受給することができます（2階建て）。報酬比例の老齢厚生年金の算定式は以下のとおりです（年額）。

> 平均標準報酬額　×　支給乗率　×　被保険者期間の月数
> （支給乗率は原則「5.481/1000」）

　平均標準報酬額は、各月の標準報酬月額と標準賞与額を合算したものを、被保険者の月数で割ったものです。これは、ボーナスも含めた年収を12月でならした月収に相当します。

　被保険者期間は480月（40年）が上限です。65歳時点で40年に満たない場合には、就労により年金額を増やせる可能性が生じます。

　この算定式のとおり、標準報酬が高いほど、また被保険者期間が長いほど、年金受給額は高くなります。このため、保険料を多く、長く納めると、年金額も大きくなりますが、注意してもらいたいのが、**年金額計算の基礎に「保険料納付額」は入っていない**ということです。**あくまで、標準報酬と被保険者期間で計算されます。**

数字の感覚を持つために、具体的な数字を当てはめてみましょう（あくまで想定計算例です）。

> 平均標準報酬額が 30 万円（年間の標準報酬月額と標準賞与の合計が 360 万円）であったとします。また、25 歳から 64 歳までの 40 年間（480 月）被保険者であったとします。

　「平均標準報酬額× 5.481/1000 ×被保険者期間の月数」の式から報酬比例部分の年金額が計算されます。

　30 万円× 5.481/1000 × 480 ＝約 79 万円

図 6-3：**年金額の計算の構造**

出典：著者作成

　定額の基礎年金は、約 78 万円です。

　単身の場合には、合計で

　79 万円＋ 78 万円＝ 157 万円となります。

　夫婦 2 人世帯の場合には、

　79 万円＋ 78 万円＋ 78 万円＝ 235 万円、現役時代の 360 万円に対する割合としては、

235万円／360万円＝65％程度になります。

別のケースとして、平均報酬額が40万円（年額480万円）の場合を考えます。

この場合、報酬比例部分は、

40万円× 5.481/1000 × 480 ＝約105万円と計算されます。

夫婦2人世帯の場合には、

105万円＋78万円＋78万円＝261万円、現役時代の年480万円に対する割合としては、

261万円／480万円＝54％程度になります。**定額の基礎年金があるため、所得水準が低い場合の方が、現役時代に対する所得代替率は高くなります（所得再分配機能）。**

5 年金の実質価値を維持する仕組み

このように、年金制度は就労期間の 40 年間にわたり加入し、保険料を支払い、引退期には、その加入記録と納付記録をもとに算定された年金額を、**生涯にわたり受け取ることができる**超長期の保険です。

民間の貯金や保険商品は、**基本的には事前に払い込んだ保険料＋運用益の範囲に、受給総額が限定**されます。これに対し、**公的年金制度**は、受給開始の際に算定された年金額を**終身、受け取ることができます**。民間保険と異なり、**長生きに伴う必要生活費の増大のリスクを国民全体で分散**していること、また、**世代間の社会的扶養の方式（賦課方式）**を採用しているからこそ可能な仕組みです。

このような超長期の保険では、現役期間、引退期間を通じて、**国民の生活水準は変化**していきます。これは**物価水準**と**賃金水準**に反映されます。このため、超長期の変動の中で、過去の記録をそのまま用いたり、支給され始めた年金の額が変わらないままとすると、年金で暮らせる生活水準は実質的に低下します。このため、**年金の実質価値を維持**して、高齢期の**実質的な生活水準を維持**するための仕組みが設けられています。

　年金制度では、保険料の納付開始時と年金の受給開始時で、40年程度の時間差が生じ得ます。この間に、平均的な給与の水準も変わっていきます。賃金水準の長期推移を実際のデータで見てみると、1990年代前半まで上昇して、その後、低下または横ばいの状態にあることがわかります。

　経済成長によって労働者全体の生活水準が向上する場合には、その**経済成長の成果**を、**退職後の生活水準にも反映**する必要があります。

　労働者の生活水準の向上は、**賃金上昇に反映**されることから、年金給付額の計算の基礎とする**標準報酬にも賃金上昇を反映させる**ため、過去の標準報酬額を、平均給与の変化の程度に照らして、現在の価値に換算したうえで、年金額を計算します。これを、**標準報酬の再評価**といいます。

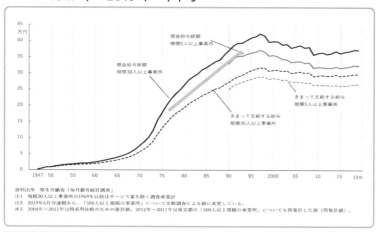

図6-4：常用労働者1人平均月間現金給与総額、きまって支給する給与額 1947年〜2019年　年平均

資料：労働政策研究・研修機構（JILPT）「早わかり　グラフでみる長期労働統計」

例えば、2018（平成30）年時点では標準報酬月額の平均が約31万円ですが、30年前の1988（昭和62）年では約24.1万円でした。このため**「国民生活の平均水準に照らして、どの程度を拠出していたか」の視点**から、30年前の標準報酬月額を現在の価値で評価するため、名目額に31/24.1をかけて、現在の価値に換算します。

図6-5：標準報酬額の再評価の仕組み

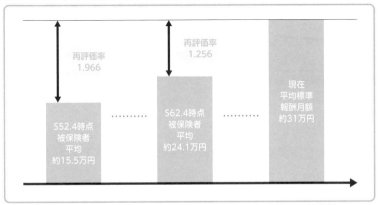

資料：厚生労働省「第3回社会保障審議会年金部会（2018年7月30日）」資料2，p.4

　このように、年金額の算定方法の基本には、**それぞれの時代の所得水準、経済状況において、どの程度の拠出を行ったか**、という**割合・水準の考え方**がベースにあります。保険料の**名目額ではなく、生活水準における実質価値**に意味があるのです。

　なお、1990年代後半からは平均賃金が低下していますので、現在よりも名目の平均賃金が高い期間について再評価を行う場合には、再評価率は1よりも小さくなります（0.95など）。

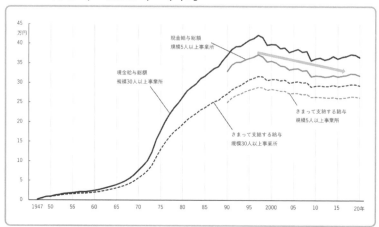

図6-6：常用労働者1人平均月間現金給与総額、きまって支給する給与額
1947年〜2020年　年平均

資料：労働政策研究・研修機構（JILPT）「早わかり　グラフでみる長期労働統計」

● 年金受給開始後のスライド

　このような実質価値の維持は、年金受給開始後も行われます。それが物価スライドです。

　物価が上がれば、名目額の貨幣の価値は下がります。同じ名目額でも、物価により、どれだけの財を購入できるか（実質価値）は変わり、同じ生活水準を送るために必要な名目額は変わります。例えば、1980（昭和55）年には缶ジュースは100円でしたが、2020（令和2）年には130円になっています。1980（昭和55）年には1000円で缶ジュースを10本買えていたのが、2020（令和2）年には7本しか買えなくなっています。逆にいうと、1980（昭和55）年の1000円は、現在でいうと、缶ジュース（130円）を10本買える価値、1300円分の価値があるということです。

1980 年の 1000 円　＝　2020 年の 1300 円

このため、**物価の変動率に応じて毎年、年金額を変更**します。こ
れを、「**年金額の改定**」「**物価スライド**」と呼びます。年金額の実質
的価値（購買力）を維持するための仕組みです。

これまでの物価の動向をみると、給与と同様に 1990 年代前半
まで上昇が続き、その後、低下又は横ばいとなっています。特に高
度経済成長期において、物価スライドは、賃金上昇による経済成長
の分配を就労により享受することが難しい年金受給者に、国民の生
活水準の向上を分配する役割を果たしました（物価スライドの導入
は 1973 年。第 13 章参照）。

図 6-7：**消費者物価指数　2020=100　1947 年〜2021 年　年平均**

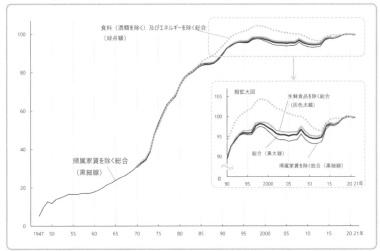

資料：労働政策研究・研修機構（JILPT）「早わかり　グラフでみる長期労働統計」

6 国民年金制度

　続いて国民年金制度を扱います。国民年金は公的年金制度の基礎部分であり、皆年金を支える制度です。なお、厚生年金保険の加入者の場合、国民年金の手続きを別に行う必要はありません。"厚生年金保険の中に国民年金が基礎部分として取り込まれている"と考えてください。

● 保険者

　政府が保険者として運営しています。

● 事務の実施主体

　給付に関する事務は厚生年金と同様に**日本年金機構**が行っています。また、**資格の取得、喪失に関わる事務**は、**市区町村が実施**しています（**法定受託事務**）。国民健康保険と適用関係が共通するため、国保の事務とセットで行っている市区町村が多くあります。なお、国民健康保険に関する事務は自治事務で、国民年金の法定受託事務と異なるので注意してください。

7 国民年金の保険料

　国民年金の保険料（国民年金第1号被保険者の保険料）は、1か月当たり16,590円で（2022（令和4）年度）、定額保険料です。第2号被保険者は厚生年金の加入期間は、国民年金についても保険料納付済みと扱われます。第3号被保険者には、保険料納付義務はかかりません。

　この国民年金の保険料額は、

> 17,000円×物価や賃金の変動を反映した率

として算定され、毎年、改定されています。

　国民年金の給付についても厚生年金と同様に、物価スライドが行われ実質価値の維持が図られています。これに対応する形で、保険料についても実質価値ベースでの改定が行われます。**給付と負担の双方とも、実質価値を考慮する仕組み**になっています。

8　国民年金の老齢給付

続いて給付について、①支給要件、②年金額の順に見ていきます。

● 支給要件

　1つ目の要件は、**受給資格期間が 10 年間あること**です。保険料納付済期間、保険料免除期間、合算対象期間を合計して計算します。**年金制度と関わりを持っていた期間**ということです。**未納期間は含まれません。**

　2つ目の要件は、**65 歳に達していること**です。その人が受けることができる**満額の年金額は、65 歳から受給を開始する場合を想定して算定されます。**

● 年金額の計算

　具体的な年金額は、年額で原則として以下の式で計算されます。

> 基礎年金満額×（保険料納付月数／ 480 月）

　基礎年金満額は、2022（令和 4）年で月額 64,816 円（年額約 78 万円）です。これは、物価や賃金に応じて毎年 4 月に改定されます。480 月は 20 歳から 60 歳前までの 40 年間の月数（40 × 12）を想定してください。そのうち、どれだけの月数、保険料を

納付したかによって年金額が決まります。**1月保険料を納付すると1ポイント。480ポイントで満額の年金。ポイントに応じて年金額が増減**するイメージです。ここでも、**保険料の納付額ではなく、納付月数が算定基礎**になっていることに注意しましょう。

9 国民年金保険料の免除・猶予と年金給付の関係

● 保険料免除制度

　本人・世帯主・配偶者の前年所得[1]が一定額以下の場合や失業した場合など、保険料を納めることが困難な場合は、**本人からの申請**により、保険料を納付する義務が免除されます。**免除される額**は、保険料の①**全額**、②**4分の3**、③**半額**、④**4分の1**の、4種類があります。老齢基礎年金の計算にあたって、免除期間は年金額に一部反映されます。

● 保険料納付猶予制度

　保険料を納付する義務は残るものの、**納付期限が一定期間、猶予**される制度です。20歳以上50歳未満で、本人・配偶者の前年所得が一定額以下の場合に、**本人からの申請**により、納付が猶予されます。この保険料納付猶予期間は、保険料を追納しない限り、**受給資格期間には算入されますが、年金額の算定基礎には算入されない**「**合算対象期間**」となります。猶予期間の保険料は、**10年以内に限って追納が可能**です。追納すると、保険料納付済み期間として、年金額の算定基礎に含まれます。

---

1) 　1月から6月までの間に申請する場合は前々年所得。保険料納付猶予制度の場合も同じ。

● 学生納付特例制度

　日本国内に住む全ての人は、20歳から国民年金の被保険者となり、保険料を納付する義務を負いますが、学生については、**申請により、在学中の保険料納付が猶予**されます。**本人の所得が一定以下の場合に対象**となり、**家族の方の所得の多寡は問いません。猶予期間中の事故であれば、未納期間では支給されない障害基礎年金も支給されます**（第7章参照）。保険料の追納や年金給付との関係は、納付猶予制度と同じです。

● 保険料免除期間と年金額の関係

　保険料免除期間の年金額への反映は、免除の割合に応じて次のとおりとなります。

全額免除月	1/2 月分として参入
3/4 免除月	5/8 月分として参入
半額免除月	3/4 月分として参入
1/4 免除月	7/8 月分として参入

　例えば、20年間保険料を納付し、10年間全額免除、10年間半額免除を受けた人は、

　　満額×（20年×12か月

　　　　　＋10年×12か月×1/2

　　　　　＋10年×12か月×3/4）/ 480月

　　＝満額×（390月 /480月）　と計算されます。

　保険料免除を受けた月の年金給付額への反映の係数は、**図6-8** の**A：1/2** に、**B：1/2 に保険料を納付した割合を乗じた数値を加え**

て設定されています。

図 6-8：保険料免除期間と年金額への反映の関係

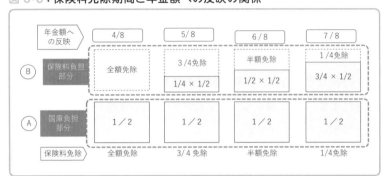

出典：著者作成

　これは、基礎年金の給付の 1/2 を国庫が負担しているためです。保険料が全額免除されている場合も、1/2 の給付は国庫財源により確保されます。さらに、保険料の納付割合（免除部分を除いた割合）に応じて給付が上積みされます。このように基礎年金の 1/2 の国庫負担（年 13 兆円）は、**保険原理だけでは保障できない将来の所得の下支え**を行っています。

　ただし、**国庫負担分の年金を受給するには、免除手続きが必要**です。手続きを行わず未納の場合には、年金額に反映されません。このため、**年金財政への影響を考えると、未納期間は保険料は入りませんが、給付にも結びつかないため影響は生じません。** 未納者の増加により財政が不安定になるとの指摘は誤りです。**未納問題の本質は、公的年金制度のメリットを受けることができるのに、それを逃している人が、不慮の事故に遭った場合に障害年金を受給できないことや、老後の生活保障が低下してしまう、個人のリスクにあり**ます。

図 6-9：公的年金の収入と支出の概要（財政構造）

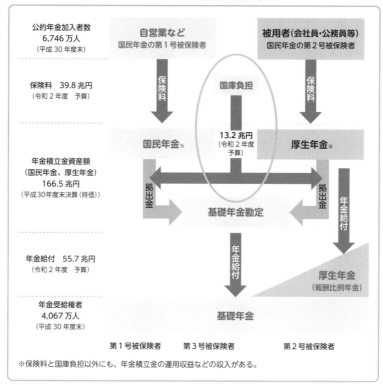

資料：厚生労働省「令和 2 年度年金制度のポイント」，p.40

10 被用者保険と一般保険

　ここまで健康保険、国民健康保険、介護保険、厚生年金保険、国民年金を学習しました。このうち、医療保険制度と年金制度は、被用者保険と、その他の者を包括する一般保険・地域保険に区別できました。

表 6-6：被用者保険と一般保険

	医療	年金	介護
被用者保険	健康保険	厚生年金保険	介護保険
一般保険 地域保険	国民健康保険	国民年金	

　歴史的には、**被用者保険の成立が先行**しました。第3章（健康保険）で説明したとおり、1880年代のドイツの**ビスマルク**首相による社会保険制度です。中世からヨーロッパ各地で行われていたギルド（同業組合）の相互扶助に、公的関与を強めて制度化し、保険の機能を強化することで、近代労働者向けの公的保険としました。

　これに対し、**一般保険・地域保険は第二次世界大戦後の復興の過程**で設けられました。その形成に大きな影響を与えたのが、イギリスの「社会保険および関連サービス」（**ベバレッジ報告**）です。ベバレッジ報告の社会保険の原則は、**対象者に均一給付、均一拠出を適用する均一主義（普遍主義）に特徴**があります。

　ベバレッジ報告の社会保険の原則の考え方は、第二次大戦後の

日本の社会保障制度にも大きな影響を与えました。具体的には、1950（昭和25）年に社会保障制度審議会が発表した「社会保障制度に関する勧告」に反映され、日本の社会保障の制度的な体系および範囲を確定することとなりました（第13章参照）。

　特に、国民年金には、①対象者には均一給付、均一拠出を適用する**均一主義（普遍主義）の原則**、③労働者だけでなく、自営業者、無業者を含む全国民を対象にする**一般性の原則**などが、**色濃く反映**されています。

図6-10：ベバレッジ報告のポイント

<克服の方策>
- 基本的なニードを充足するための社会保険
- 特別な緊急ニードを充足するための国民扶助

<貧困（窮乏）の原因>
① 失業、疾病による稼得力の中断
② 老齢、死亡による稼得力の喪失
③ 災害等による予想外の特別出費

<社会保険の原則>
① 対象者には均一給付、均一拠出を適用する均一主義（普遍主義）の原則
② 給付は最低生活を保障するナショナルミニマムであり、それ以上は個人の努力で民間保険その他の貯蓄によって達成するというナショナルミニマムの原則
③ 労働者だけでなく、自営業者、無業者を含む全国民を対象にする一般性の原則

<社会保障の3つの前提>
① 政府の経済政策としての完全雇用の維持
② 包括的な国民保健・医療制度、リハビリテーションの確立
③ 多子貧困発生阻止のための児童手当制度の確立

資料：厚生労働省資料

　このように、日本の社会保険制度は、**ビスマルク型の社会保険と、ベバレッジ型の社会保険を組み合わせていることが大きな特徴**になっています。

第 7 章

年金制度②
障害年金、遺族年金

　年金制度は、退職期の所得保障（老齢年金）のほか、突然の事故により、生活や仕事が制限される障害の状態となった場合や、家計主が死亡した場合に、本人・家族の暮らしを支える役割も持っています。

　障害年金では、保険料納付が要件とされる年金（拠出制年金）とともに、20歳前障害による無拠出制年金も、障害基礎年金として支給されます。

　障害基礎年金は子に対する加算、障害厚生年金は配偶者に対する加算が行われます。本人だけでなく、その家族の生活の保障も考慮した給付となっています。

　このように、保険原理では説明できない生活の保障が、年金制度を通じて行われています。

1 障害基礎年金・障害厚生年金

　年金制度は"高齢期・退職後の所得保障"のイメージが強いかもしれませんが、**突然の事故などにより、生活や仕事が制限される障害の状態となった場合**や、**家計主が死亡した場合**に、本人・家族の暮らしを支える、重要な役割を持っています。まず、障害年金について学習します。次のエッセイを読んでください。

参考資料

令和２年度「わたしと年金」エッセイ　厚生労働大臣賞

　私は21歳のときから障害年金を受け取っている。大学で部活動中の事故による怪我が原因で右足を切断、障がい者となったためだ。

　ただ、障害年金の請求手続は私が行ったわけではない。車いすでの生活に加え、リハビリや義足作成のため通院以外の外出は難しく、母が役所の年金担当に相談し、必要書類を揃え申請した。

　実は21歳での障害年金の申請はハードルが高い。障害年金制度には、すべての国民が国民年金へ加入する20歳から傷病の初診日までの間に一定期間以上年金保険料を納付、免除もしくは学生の保険料猶予（学生納付特例）を受けていなければ障害年金がもらえない「納付要件」というルールがあるからだ。保険料を支払わず放置していると、怪我や病気によってどんなに重い障がいを負ったとしても、「もしもの時の生活保障」となる障害年金を受け取ることはできない。

事故当時 21 歳だった私は 20 歳の国民年金加入から約 1 年半と年金加入期間が短く、その半分以上の期間について保険料が納付、又は免除・猶予されていなければならなかった。このため、たった 1 ヵ月の「未納期間」が、「納付要件」という条件クリアに大きな影響を与えてしまうのだ。

　20 歳当時学生だった私が「将来障がい者になり、障害年金を申請する立場に置かれる」ことまで考えているはずもなく、「20 歳の国民年金の加入手続」も、「学生納付特例手続」も全て私の 20 歳到達とともに母が仕事の合間に役所で手続をしてくれていた。私は母に言われるがまま学生納付特例手続に必要な「学生証の写し」をコピーし、母のもとへ郵送しただけだ。母が私の学生納付特例手続を行っていなければ、私は障害年金を受け取ることができないどころか、手術費用や入院費用、その後の義足作成費用などの負担が重くのしかかっていただろう。

　事故後、障害年金の手続を役所で行った際、私の年金記録を確認した年金担当から母はこう言われたそうだ。「お母さん、息子さんの学生納付特例、ちゃんとしておいてよかったですね」と。母はいつも「当然のことをしたまでだ」とは言うが、母もまさか自分の息子が障がい者になるとは夢にも思ってはいなかっただろうし、きちんと私の年金の手続をしてくれていたからこそ、私の今の人生があることを考えると、感謝してもしきれない。

（以下略）

2 障害年金の受給要件
〜どのような場合に受給できるか〜

　障害年金は、①障害の原因となった病気やけがの**初診日**が、公的年金の被保険者期間内にあり、②障害の程度が、障害認定日に**一定の障害の状態**にあり、③**保険料の納付要件**を満たしている場合に、受給が可能となります。初診日とは、障害年金の原因となる病気や

表 7-1：**障害基礎年金と障害厚生年金**

障害基礎年金		障害厚生年金
①保険料納付要件 ア）**初診日**の前日において、初診日の月の前々月までに被保険者期間があり、かつ、被保険者期間のうち保険料納付済期間と保険料免除期間を合わせた期間が2／3以上である。 イ）初診日の属する月の前々月までの1年間に保険料の滞納がない（直近1年要件の特例）。		**①保険料納付要件** 障害基礎年金と同じ。
②被保険者要件 初診日に、被保険者であるか、または被保険者であった人で60歳以上65歳未満の国内居住者である。		**②被保険者要件** 初診日に、被保険者である。
③障害の状態 障害認定日（※1）に、障害の程度が**1級・2級**に該当する（障害認定日に該当しなかった場合でも、65歳に達する日の前日までの間に障害が重くなり、1級・2級に該当した時は、受給できる）。		**③障害の状態** 障害認定日に、障害の程度が**1級〜3級**に該当する。

> **＊20歳前傷病による障害基礎年金**
> 初診日に20歳未満であった人が、1級・2級の障害の状態に、（ⅰ）20歳に達した日にあるとき、または、（ⅱ）20歳に達した後になったときは、障害基礎年金が支給される。ただし、**所得制限**（※2）がある。

※1　障害認定日とは、初診日から1年6か月経過した日（その間に症状が固定した場合は、固定した日）をいう。

※2　所得制限の目安　全額支給停止：462.1万円、2分の1支給停止：360.4万円

怪我で、初めて医療機関にかかった日です。療養の途中で病院を変更しても、初診日は変わりません。障害基礎年金と障害厚生年金について、それぞれの要件を整理すると次のとおりです。

● 障害の程度

　障害基礎年金は1級、2級の2等級です。障害厚生年金については3級までと、広くなっています。1級、2級の基準は共通です。**1級及び2級**の障害状態は、**日常生活の制限の度合い**に応じて基準が設定されています。これに対し、**3級**の障害状態は、**労働能力の度合い**に応じています。被用者保険の特徴が認定の範囲・基準にも反映されています。なお、**障害厚生年金はプライベートの病気・怪我による障害**によるものです。例えば、冒頭の年金エッセイのように、部活中の事故や趣味の活動中での事故に起因するものです。業務上の病気・怪我の場合には、労働者災害補償保険制度による年金の対象となります（第11章参照）。

● 保険料納付要件（初診日）

　保険料納付要件は、初診日の前日において判定されるため、**初診日の後に保険料を遡って納付しても、考慮されません**。これは、障害の原因となる保険事故が起きてから保険料を納めても年金を支給しないという、**保険によって不当に利益を得ようとする行為を防ぐための要件**です。

参考資料

　「逆選択（adverse selection）」とは、自己にリスクが発生すると考える者は保険に加入しようとし、リスクが発生しないと考える者は保険に加入しようとしないことをいう。逆選択は、モラル・ハザードと同様、**保険によって不当に利益を得ようとする行為**である。（中略）

　私的保険においては、保険に加入する前に発生したリスクに対しては保険給付を行わないが、これは究極的な逆選択を防ぐためである。私的保険でこのようなことを認めると、リスクが発生するまで保険に加入しなくなる。ただし、我が国の公的な医療保険は、国民皆保険を達成するため、保険加入前に発生したリスク（傷病）に対しても保険給付を行なっている。しかし、**公的な年金保険は、このような場合は保険給付を行わない**。例えば、原則として、保険加入中に初診日がある傷病についてのみ障害年金を支給する。

出典：堀勝洋『年金保険法（第3版）基本理論と解釈・判例』法律文化社，2013.
（太字は著者による）

● 20 歳前傷病による障害基礎年金

　他方、保険料納付要件を厳密に適用することが適切でない場合があります。20 歳前の傷病により障害基礎年金の対象となる障害の状態となった人への保障です。**初診日が 20 歳未満の場合、初診日の前に保険料を納付しようとしても納付できません**。このため、保険料納付要件は適用されず、障害基礎年金を受給することができます。ただし、この場合、**通常の障害基礎年金にはない所得要件が適用され、年収が一定以上の場合には支給停止されます**。**無拠出で受給権が発生する福祉的年金としての性格**です。このように**保険の仕組みを原則としつつ、福祉の観点を補完**することで、**国民の連帯**により、**障害によって国民の生活の安定が損なわれることを防止**しています。

●年金額

　年金額は、次の図のとおりです。

図 7-1：障害の程度ごとの年金額

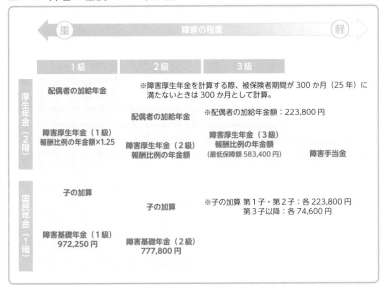

出典：日本年金機構「障害年金ガイド（令和4年度版）」を一部改変

　障害厚生年金の1級・2級に該当する人は、障害基礎年金を併せ
て受給できます。**3級の場合には、障害厚生年金**のみです。このた
め、3級の厚生年金には最低保障額が設けられています。

　また、受給権取得時に生計を維持されていた**18歳未満の子がい
る場合**には、**障害基礎年金への加算**があります。生計を維持されて
いる**配偶者がいる場合**には、**障害厚生年金（1級と2級に該当する
場合）に加給年金**が加わります。

　このように、その家族の生活を保障するため、**家族の扶養の状態
が給付額に反映される仕組み**になっています（必要性で給付額が設
定されており、保険原理では説明できない部分）。

3 遺族基礎年金・遺族厚生年金

　遺族年金は、家計を支える人が死亡した場合に、残された遺族の生活を保障し、生活の再建を支援することを目的とします。遺族年金の概要は次の表 7-2 のとおりですが、死亡された人が、退職期間に入り年金受給者となっていたのか、現役世代（被保険者）であったのかを区別すると、大枠が理解しやすくなります。

表 7-2：遺族基礎年金と遺族厚生年金

	遺族基礎年金	遺族厚生年金
遺族の範囲	死亡した人によって**生計を維持されていた**次の人に支給される。 Ⓐ**子のある配偶者**（子と生計を同じくする場合に限る） Ⓑ子	死亡した人によって**生計を維持されていた**次の人に支給される。ただし、ⒸⒹⒺは先順位の人が受給するときは遺族とはならない。 Ⓐ配偶者（夫は 55 歳以上、支給は 60 歳から） Ⓑ子 Ⓒ父母（55 歳以上、60 歳から支給） Ⓓ孫（子と同じ年齢要件あり） Ⓔ祖父母（55 歳以上、60 歳から支給）
年金額	777,800 円＋**子の加算** ※**子の加算** 　第 1 子・第 2 子： 　各 223,800 円 　第 3 子以降：各 74,600 円	死亡した人の老齢厚生年金額×**3/4**

※年金額は令和 4 年度

● **老齢厚生年金受給者の死亡による遺族厚生年金**

　引退期間に入りすでに老齢厚生年金を受給していた人が死亡した場合に支給されるのが、遺族厚生年金です。老齢厚生年金は、報酬比例部分も上乗せされていました。**遺族厚生年金は、この生活水準**

を維持する趣旨と、**死亡した人の老齢厚生年金の振替としての性格**
があります。遺族は死亡した人の老齢厚生年金の 3/4 の額を受給
することができます。また、**遺族が、ご本人の老齢厚生年金を受給
できる場合**には、いくつかの調整方式から選択することになります。

● 現役世代の死亡による遺族基礎年金

　次に、現役世代の人が死亡した場合に支給される、遺族基礎年金
と遺族厚生年金の内容を見ていきます。まず、遺族基礎年金です。

　遺族基礎年金を受給できる遺族は、死亡した者によって生計を維
持されていた、①**子のある配偶者**または、②**子であって、18 歳の
年度末まで又は 20 歳未満で 1、2 級の障害の状態**にあり、かつ、
現に婚姻していない者です。

　配偶者に対する遺族基礎年金は、子どもと生計を同一にしている
場合に限って支給されます（**子育て年金としての性格**）。これは、(a)
主たる生計維持者を失って生計の途を失い、かつ（b）未成年の子
を養育しているため就労することが困難であることを考慮したもの
と解されています。

　配偶者か子のいずれかに支給されるため、子に対する遺族年金は、
配偶者が受給権を有する期間、支給停止されます（受給権は残った
ままです）。このため、子に対する遺族年金は、配偶者に対する遺
族基礎年金が支給されない場合に支給されます。想定されるのは、
両親がともに亡くなった場合です。

　子の範囲が「18 歳未満の子」とされているのは、18 歳になれ
ば一般的には、自立して生活できると考えられているためです。ま
た、婚姻した場合には成年とみなされる（民法第 753 条）ため支
給対象となりません。

障害の状態にある子については、20 歳未満まで受給可能とされています。この場合、障害の程度が 1、2 級であれば、20 歳から支給される、子自身の無拠出制の障害基礎年金につながります。

● 現役世代の死亡による遺族厚生年金

遺族厚生年金は、死亡した人によって**生計を維持されていた**配偶者等に支給されます。遺族基礎年金のような、「子どもと生計を同一にしていること」という要件はありません。一度、受給権が発生すると、継続して受給することができます。ただし、夫の死亡時に **30 歳未満で子のいない妻**に対して支給される遺族厚生年金は、**5 年間の有期給付**となります。

● 遺族基礎年金と遺族厚生年金の加算

遺族基礎年金は子どものある妻に支給され、子どもが独立すると受給できなくなります。この場合も、遺族厚生年金の受給者であれば、**中高齢寡婦加算**を受給可能で、遺族基礎年金の消滅を補うことになります。

また、**配偶者本人が 65 歳**になると、中高齢寡婦加算は終了し、**配偶者自身の老齢基礎年金**が開始されます。

遺族厚生年金受給者であれば、遺族基礎年金の消滅後も、別の給付に切り替わり保障が続く仕組みとなっています。

図 7-2：遺族基礎年金と遺族厚生年金の加算

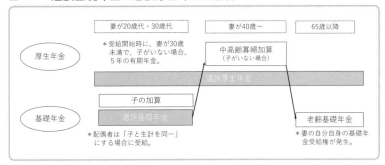

出典：著者作成

第 8 章

年金制度③
社会の変化と
年金制度の役割

　年金制度は、個人のライフサイクルにおける引退期間の長期化、社会全体としての高齢人口の増大に伴い、役割が大きくなっています。

　人口の高齢化に伴い、世代間扶養の全体量が増加しています。並行して、国民皆年金の実現から 40 年が経過することで、私的扶養から社会的扶養への転換が進みました。

　高齢人口の増大とともに少子化が進行しています。世代間の負担の調整のため、年金制度においても、マクロの視点、ミクロの視点からの対応が図られています。

　年金受給のあり方は、一律に決められた、ただ与えられるものではなく、ライフサイクルの中で自ら組み立てる側面も大きくなっています。

1 老齢年金の役割の拡大

　国民皆年金制度は 1961（昭和 36）年に実現し、その後、国民生活における役割が拡大してきました。これを 2 つの側面から考えます。

● 長寿化と高齢化

　1 つ目の側面は長寿化と高齢化の進展です。まず、長寿化について、平均寿命と 65 歳時平均余命を、1980（昭和 55）年と 2018（平成 30）年で比べてみます。平均寿命は概ね 75 歳から 85 歳に伸びていて、1 割程度の伸びになっています（表 8-1）。

表 8-1：平均寿命と 65 歳時平均余命の推移

年次	平均寿命		65 歳時平均余命	
	男	女	男	女
1980	73.35	78.76	14.56	17.68
2000	77.72	84.60	17.54	22.42
2018	81.25	87.32	19.70	24.50

出典：厚生労働省「令和 3 年簡易生命表の概況（令和 4 年 7 月 29 日）」参考資料 2 を一部改変

　次に 65 歳平均余命に着目します。65 歳平均余命とは、65 歳の人々が、集団の平均として、あと何年生きられるか（余命）の統計上の推計です。**男性**は 14.56 年から 19.70 年へ**約 1.35 倍**、**女性は** 17.68 年から 24.50 年へ**約 1.4 倍**、伸びています。65 歳で引

図 8-1：65 歳時平均余命

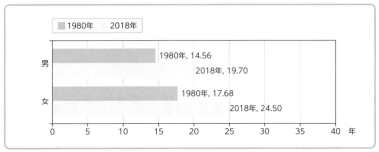

出典：著者作成

退するとして、**引退後の生活の期間への影響は、平均余命全体に注目する場合よりも大きくなります。**

　同じグラフで就労期間 40 年と比較します。**男性**は 40 年に対して 19.70 年の**約 49％**、**女性**は 40 年に対して 24.50 年の**約 61％**となっています。65 歳以降の期間が大きく伸びており、**個人のライフサイクルにおいて、現役期間に対する 65 歳以降の生活期間の割合が大きく上昇**しています。

　個人のライフサイクルにおける高齢期の割合の増加とともに、総人口に占める高齢者の割合も増加します。国民皆年金制度は、1961（昭和 36）年に実現しました。その後の高齢人口の増加に

図 8-2：65 歳時平均余命

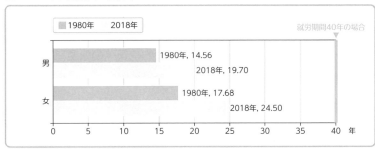

出典：著者作成

伴い、老齢年金の対象となる人口も増加しています（高齢化）。

図 8-3：人口の長期推移

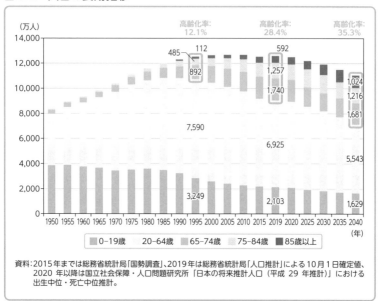

資料：2015年までは総務省統計局「国勢調査」、2019年は総務省統計局「人口推計」による10月1日確定値、2020 年以降は国立社会保障・人口問題研究所「日本の将来推計人口（平成 29 年推計）」における出生中位・死亡中位推計。

資料：厚生労働省『令和2年度版厚生労働白書』p.4，2020.

　このように、個人のライフサイクル（**ミクロの視点**）と、国民の人口構成（**マクロの視点**）の双方で、高齢期の所得保障の重要性が大きくなっています。

● **私的扶養から社会的扶養へ**
　もう一つの側面が、私的扶養から社会的扶養への転換です。**年金制度の創設当初**は、公的年金制度から給付を受ける人は少なく、**多くの高齢者は家族に扶養**されていました。現役世代から見ると、年金制度の負担は小さいものの、その代わり、自分の親を扶養する負担を負っていました（**私的扶養**）。

このような私的扶養が中心の時代から、制度創設から40年を経て、保険料を満期（40年）納めた人が年金受給開始年齢に到達し、**高齢期の所得保障は、年金制度による社会的扶養が中心的役割を果たすようになりました。**

図 8-4：私的扶養から社会的扶養への変化

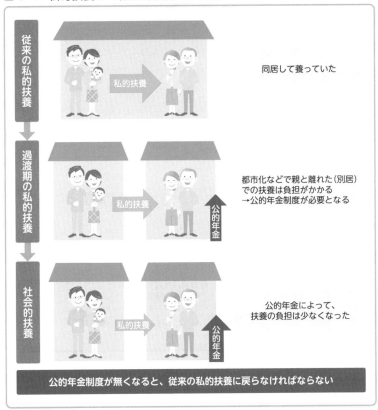

資料：厚生労働省HP（いっしょに検証！公的年金　〜財政検証結果から読み解く年金の将来〜）を改変

　介護保険制度の創設により、高齢者の介護を、家族の負担（私的扶養）から社会全体で支える仕組に移行したのと同じです。**年金**

制度は、超長期の保険であるため、その効果が完全に発揮されるまで時間がかかったのです。

● 2つの側面の同時進行

　1点目の長寿化・高齢化は、年金制度の有無に関わらず、現役世代の世代間扶養の総計（私的扶養＋社会的扶養）の増大を意味します。これと同時に、私的扶養から社会的扶養への移行が進んでいます。この2つの側面は、それぞれ別の論点として考える必要があるので注意してください。

図 8-5：扶養負担の今後の見直し

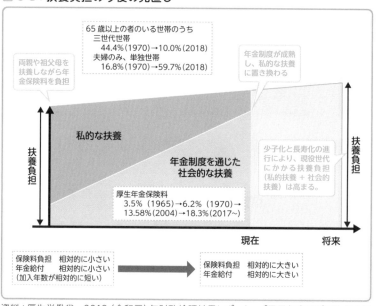

資料：厚生労働省　2019（令和元）年財政検証結果レポート―「国民年金及び厚生年金に係る財政の現況及び見通し」（詳細版）―

2 人口構造の変化と年金制度

　以上のように年金制度の役割は増大していますが、高齢人口の増加とともに、少子化とそれに引き続く現役世代の減少も進行しています（第14章参照）。このような人口構造の変化に対応して、年金制度では、世代間の負担の自動調整の仕組み、公費負担による財政的安定性の確保、高齢期の就労と年金受給の調整の見直し、年金受給の開始年齢の選択肢の拡大など、様々な方策が取られています。このうち、代表的なものを、マクロの視点（財政）、個人のライフスタイルの視点から1つずつ取り上げます。

● 年金財政の仕組み（マクロ）

　公的年金制度は、いま働いている世代（現役世代）が支払った保険料を高齢者の年金給付に充てるという **「世代と世代の支え合い」（賦課方式）** を基本として、運営されています。個人の人生における退職期間の長期化と、社会における高齢人口割合の増加が進む中で、賦課方式により現役世代の負担が加重にならないよう考慮する必要があります。このため、**保険料は 18.3％ で固定**されています。そのうえで、**国庫負担**を確保し、**積立金を活用**しながら、**年金額の方を自動調整**する仕組みがとられています。**現役世代の負担を固定し、その前提で給付を賄う仕組み**です。

　具体的には、**現役世代の賃金の総額（マクロ）に給付を連動**させるため、**マクロ経済スライド**と呼ばれる調整方式で、**年金のスライ**

図 8-6：年金財政の仕組み

資料：厚生労働省「第3回社会保障審議会年金部会資料（2018 年 7 月 30 日）」資料 2, p.7

ド[1] を、現役世代の人口減少や平均余命の伸びを考慮して、一定
程度（調整率）抑えるものです。

図 8-7：マクロ経済スライドの考え方

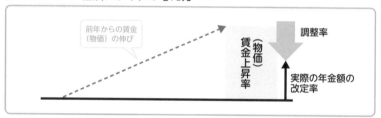

資料：厚生労働省「年金制度のポイント　令和 3 年度」p.30

　これは**年金制度を支える力**すなわち保険料が課される対象は、**社
会経済全体の生産活動が生み出す所得や賃金**であるという点に着目
したものです。今後、平均賃金が増加した場合でも、生産年齢人口
の減少に伴い、賃金総額全体は増えないことが想定されます。この
ため、**保険料の総額と年金給付の総額の均衡**に着目し、

　①現役世代の人口の減少率（図 8-8 の B の部分）

---

1)　年金額の改定は物価スライド（第 6 章参照）によりますが、新たに年金の受給を開始
　　された人（新規裁定者）の年金額の改定には、3 年間、賃金スライドが用いられます。

②年金受給世代の平均余命の延び（図 8-8 の C の部分）
の影響を、年金額の改定の中で調整して、全体として現役世代と年
金受給世代のバランスを図ろうとする仕組みです。

　具体的には、通常のスライドルールで引き上げられる率から、上
記の①と②の率が差し引かれます。

図 8-8：マクロ経済スライドの概念図

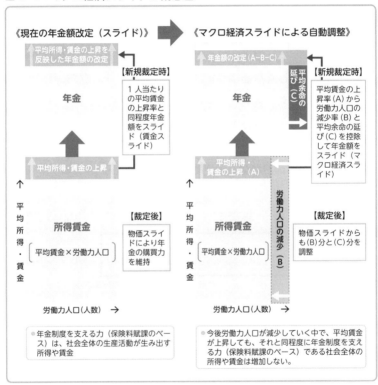

資料：厚生労働省「第3回社会保障審議会年金部会資料（2018 年 7 月 30 日）」資料 2，p.8

● 受給開始年齢の選択肢の拡大（ミクロ）

　個人が受けることができる年金額の満額は、65 歳から受給を開
始する想定で算定されますが、**本人の希望により 60 〜 64 歳での**

繰上げ受給も可能です。ただし、公的年金は受給期間が限られない**終身年金**で、年金を受給する期間（受給開始から平均余命までの期間）が長くなりますので、その**期間に対応して年金額は減額**されます。

反対に、**75歳まで繰下げ受給を選択することも可能**です。年金を受給する期間が通常短くなりますので、その**期間に対応して年金額は増額**されます。

繰り上げ・繰り下げ受給と年金額の関係は次の図のとおりです。増減率は平均的な受給期間に応じて月単位で設定され、**数理計算上は総受給額が等しくなるように設定**されています。なお、2022（令和4）年4月から、繰り下げ受給が可能な期間は70歳から75歳へ延長され、選択肢が拡大されています。

図 8-9：年金受給開始年齢と年金額の増減

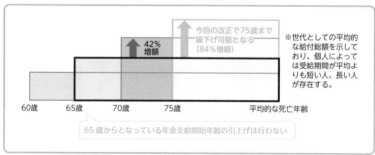

資料：厚生労働省「年金制度の機能強化のための国民年金法等の一部を改正する法律（令和2年法律第40号、令和2年6月5日公布）」参考資料集

高齢期の生活は多様であり、それぞれの人の健康状態、望ましいと考える生活水準や、働き方の希望、収入・資産の状況なども様々です。生産年齢人口の減少に伴い、高齢者の就労の重要性が増す中、就労期間における年金受給の在り方なども考慮に入れる必要があります。

本章で全ての制度を説明することはできませんが、年金受給のあり方は、一律に決められているもの、ただ与えられるだけのものではなく、**自分自身のライフサイクルの中**で、準備と受給について考え、**自ら組み立てていく側面が大きくなっています。**

第 9 章

高齢者医療制度

医療保険制度、介護保険制度、年金制度の内容も踏まえて、本章では高齢者医療制度を扱います。

高齢者医療制度の前身に当たる老人保健制度のねらい、創設の経緯を理解しましょう。高齢者医療制度のみでなく、介護保険制度の理解にもつながります。

老人保健制度から高齢者医療制度への転換にあたっては、世代間の支え合いのルールが論点となりました。

保険者を通じて、社会全体で高齢期の医療を支える仕組みを理解してください。

1 高齢者の医療

● 医療保険・健康づくり・医療の在り方

　高齢者の医療については、高齢者の健康の特性を踏まえ、**後期高齢者（75 歳以上）の医療保険制度**のほか、現役世代（40 歳以上）を含めた**特定健康診査、医療費適正化の推進**など、**健康づくりや医療とのかかわり方がセット**で制度が設けられています（高齢者の医療の確保に関する法律）。

　これは高齢者医療の経緯が反映されたことによります。1961（昭和 36）年に国民皆保険が実施された後、**1973（昭和 48）年（いわゆる福祉元年）**の老人福祉法の改正により**老人医療費の無料化**が行われました。それと同時に、**高齢人口の増加による老人医療費の急増や、無料であることに伴う過剰受診、寝たきり・寝かせきりなどの課題**が生じ、治療のみでなく、予防や健康づくりも視野に入れた**包括的な保健医療対策**の必要が認識され、**1982（昭和 57）年に老人保健法**（老人保健制度：老健制度）が創設されました。老健制度の特色は、**事業は市町村が実施し**、老人医療費については、**定額の患者一部負担**を導入しつつ、**保険者間で分担する拠出金制度**が創設されたことにあります。

　このように高齢者医療は、**保険（insurance）**だけではなく**保健（health）**の観点からも取り組まれてきました。特定健康診査・特定保健指導や医療費適正化は、この流れを引き継ぐものです。

　ただし、本章では教科書に準じて、医療給付に関わる事項を中心

図 9-1：保険と保健、医療の関係

に学習します。

●2つの高齢者医療制度

　老健制度から発展した現在の高齢者医療制度は、**65 〜 74 歳の前期高齢者の財政調整制度**と、**75 歳以上の後期高齢者の独立保険制度**に分けられます。

　前期高齢者については、**加入する医療保険はそのままで、保険者間の財政調整（支え合い）**が設けられています。このため、制度としては大きなものですが、加入している個人の立場には、直接の影響はありません。

　後期高齢者については、国保、健保とは別に、後期高齢者のための**独立した医療保険制度**が設けられています。本章では、**被保険者の立場（加入関係）にも大きな影響が生じる**こと、**保険者を通じた世代間扶養**の考え方が制度に強く反映されていることから、後期高齢者医療制度に絞って説明します。

2 後期高齢者医療の 被保険者、保険者

● 被保険者

　被保険者は、基本的に、75 歳以上の住民です。65 歳以上の一定の障害の状態にある人も対象となります。**75 歳に到達**することにより、**国保、健保の資格を喪失**して、高齢者医療制度に加入します。**被扶養者の仕組みはないので、一人一人が被保険者**となります。

図 9-2：後期高齢者医療の被保険者

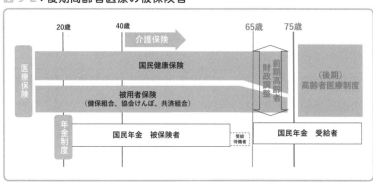

出典：著者作成

● 保険者

　保険者は**都道府県の区域内の全ての市町村**で設ける**広域連合**で、給付に関する事務を実施します。ただし、**保険料の徴収等の事務は市町村**が実施します。

　広域連合とは、地方自治法に基づいて設立される法人で、**市町村とは別の法主体**です。高齢者医療の広域連合は、これを都道府県の

区域を単位に設立します。**自治体としての都道府県ではありません。**

表 9-1：**高齢者の医療の確保に関する法律　第 48 条（広域連合の設立）**

> **市町村**は、後期高齢者医療の事務（**保険料の徴収の事務**及び**被保険者の便益の増進**に寄与するものとして政令で定める**事務を除く。）** を処理するため、**都道府県の区域ごとに当該区域内のすべての市町村が加入**する**広域連合**（以下「後期高齢者医療広域連合」という。）を設けるものとする。

国民健康保険制度、介護保険制度でも市町村が保険者になっています。ここで、各制度における都道府県、市町村の役割を整理してみます。後期高齢者医療制度の**広域連合は、市町村が集まったものなので、本来的には市町村の事務**であることに注意してください。

表 9-2：**各制度における市町村、都道府県の役割**

	市町村	都道府県
国民健康保険	・それぞれの市町村が保険者	平成 30 年度より保険者（財政責任）
介護保険	・それぞれの市町村が保険者	（市町村を支援）
後期高齢者医療制度	・市町村を主体としたうえで、広域連合を設立 ・保険料徴収等の事務は、それぞれの市町村が行う	（医療費適正化計画など医療提供体制との関わり）

3 後期高齢者医療の保険料、給付、自己負担

● 保険料

後期高齢者医療制度は、その区域の住民を対象とする地域保険であり、保険料も、国民健康保険と同様の仕組みで算定されます。保険料は、**条例により広域連合が算定方式を決定**し、毎年度、**個人単位で賦課**されます。2年ごとに保険料率が改定されます。

保険料額は、①被保険者全員が負担する**均等割**と、②所得に応じて負担する**所得割**で構成されます（国保と異なり資産割・平等割はありません）（**図9-3**）。

納付義務は、国保では世帯主が世帯分をまとめて義務を負っていましたが、**後期高齢者医療制度では、各被保険者がそれぞれ納付義務**を負います。徴収事務は市町村が実施します。

保険料軽減措置についても国保と同様です。

● 納付方法

納付方法には、広域連合から送付される**納付書**を使用する**普通徴収**と、**年金から引き落とし**を行う**特別徴収**[1]があります。特別徴収は、年金額が一定の額に達していることなど、要件があります。

なお、介護保険料は原則として特別徴収とされていますが、後期

---

1) 高齢者医療の保険料は2年ごとに改定されますが、増額されるのが通例です。特別徴収の場合、保険料増額後の最初の年金支給日には、振込額が減ります。**年金額が変わらなくとも、控除される額が大きくなると、実際に振り込まれる額は小さくなります。**

図 9-3：後期高齢者医療の保険料について

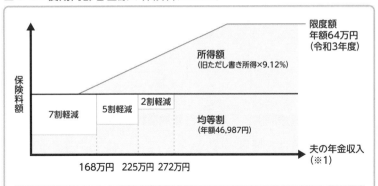

均等割の 軽減割合	対象者の所得要件（令和3年度）	年金収入額の例	
		夫婦2人世帯（※1）	単身世帯
7割軽減	43万円以下	168万円以下	168万円以下
5割軽減	43万円（※2）+28.5万円× （被保険者数）以下	225万円以下	196.5万円以下
2割軽減	43万円（※2）+52万円× （被保険者数）以下	272万円以下	220万円以下

（※1）夫婦二人世帯で妻の年金収入80万円以下の場合における、夫の年金収入額。
（※2）被保険者等のうち給与所得者等の数が2以上の場合は、43万円＋10万円×（給与所得者等の数－1）

資料：厚生労働省HP（高齢者医療制度　高齢者医療制度の概要等について）

高齢者医療制度では、特別徴収か普通徴収かを、加入者が任意に選択することができます。

● 給付と自己負担

　後期高齢者医療においても、病院・診療所での診療行為には、他の医療保険制度と共通の**保険診療の基準**が適用されます。このため、診療行為について、高齢者医療での特別のルールはありません。

　自己負担割合については、従来、一般・低所得者は1割、現役並み所得者は3割でした。2022（令和4）年10月から、一定以上所得のある人の自己負担は2割となりました。

4 後期高齢者医療の財政

後期高齢者医療制度の財政の仕組みは、基本的には国保、介護保険と類似しています。ただし、大きな違いとして保険料と別に**支援金**があります。

公費が約5割を負担し、高齢者の保険料で約1割、残る4割は**現役の医療保険者が支援**しています。支援金の財源は、**現役世代の医療保険料に含めて徴収**されていて、約6.8兆円規模になっています（**図9-4**、**図9-5**）。

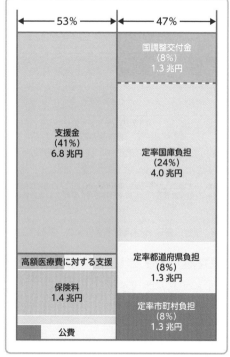

図 9-4：**後期高齢者医療の財政**

- 53%
- 47%
- 支援金（41%）6.8兆円
- 高額医療費に対する支援
- 保険料 1.4兆円
- 公費
- 国調整交付金（8%）1.3兆円
- 定率国庫負担（24%）4.0兆円
- 定率都道府県負担（8%）1.3兆円
- 定率市町村負担（8%）1.3兆円

資料：厚生労働省「第125回社会保障審議会医療保険部会（令和2年2月27日）」参考資料, p.53

この5割、1割、4割は、高齢者医療制度の制度創設の際に、**公費、高齢者、現役世代の負担割合として明確化**されたもので、この負担割合のルール化が制度創設の大きなポイントとなりました。

制度創設の際に検討された別の案として、高齢者の独立の保険は

図 9-5：全市町村が加入する広域連合

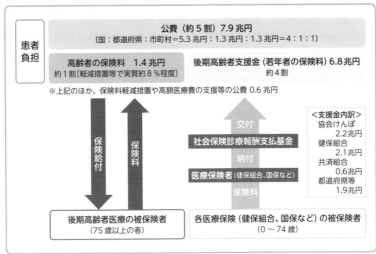

資料：厚生労働省「第 125 回社会保障審議会医療保険部会（令和 2 年 2 月 27 日）」参考資料，p.49

設けず、保険者間で、加入者の年齢構成の相違による医療費の差を調整する案がありました（図 9-6、図 9-7）。この場合、もともと財政運営の厳しい国保に高齢者が移行していくことで、**国保の負担が大きく**なってしまいます。また、被用者保険の立場からも、**調整のために拠出する額が大きくなってしまいます。**

さらに、現役世代に加入していた保険に引退後も引き続き加入する**突き抜け方式**も検討されました。これは、被用者グルー

図 9-6：制度間でリスク構造調整を行う案

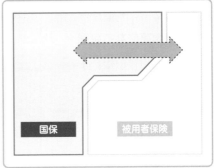

資料：厚生労働省 HP（高齢者医療制度　高齢者医療制度の概要等について）

図 9-7：年齢階級別の一人あたり医療費

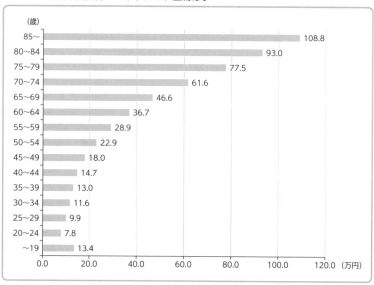

資料：厚生労働省「第 125 回社会保障審議会医療保険部会（令和 2 年 2 月 27 日）」参考
資料，p.7

プについては、グループ内での助け合いを継続することで、若年被
用者の納得を得られやすくなります。他方で、就業構造が流動化す
る中で、高齢期になって
も被用者・非被用者を区
分することは、社会連帯
の理念が希薄になる可能
性があるものでした。ま
た、被用者であった期間
が短い人も多く、結局は
国保の負担増につながっ
てしまいます（図 9-8）。

図 9-8：突き抜け方式とする案

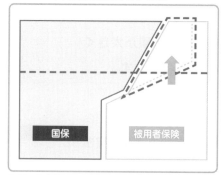

資料：厚生労働省 HP（高齢者医療制度　高齢者
医療制度の概要等について）

● 支援金の特徴から考える高齢者医療

　これらの複数案の検討を踏まえて、高齢者の独立の医療保険が創設されるに至りました。高齢者の受診率の高さ、国保への負担の集中、産業構造の変化に伴う雇用の変動、そして少子高齢化の進展などを背景として、高齢者の医療を支えるルールの明確化が図られました。

　ここで、現役世代の保険者から拠出される支援金の特徴を、介護保険との比較で考えてみます。介護保険では、現役世代は第2号保険料を拠出します。高齢者医療では支援金、介護保険では保険料となっています。介護保険では、現役世代も、範囲は限定されますが特定疾病による要介護状態になれば、第2号被保険者本人が介護保険サービスを受けることができました。また、被保険者本人がサービスを受けずとも、被保険者が親の介護について社会化のメリットを受けることが想定されました（介護の社会化）。このため、加入者本人の保険料としての性格がありました。

　医療保険では、現役世代は健保、国保から給付を受けますので、高齢者医療から給付を受けることがない点は、介護保険と異なります。他方、高齢世代への給付により、現役世代もメリットを受ける構造は共通しています。年金で学習したとおり、私的扶養と社会的扶養を合わせた世代間扶養の全体量は、高齢人口の増加に伴い増加します。その中で、医療についても、社会全体で支える必要性が大きくなっています。また、医療は、本章の冒頭で説明したとおり、健康づくり、医療とのかかわり方も支援する必要があります。このため、老人保健制度を引き継ぎ、**医療保険者を通じた医療保障と世代間扶養をセットで**行っています。

5 人口変動への対応

　以上のように高齢者医療制度は、介護保険制度、年金制度と同様、世代間扶養を社会的に行う仕組みでもあります。今後、後期高齢者人口は増加する一方、現役人口は減少すると見込まれます。後期高齢者の負担分は支え手が増えますが、現役世代の負担分は支え手が減少します。

　このため、仮に、後期高齢者医療制度の財政負担割合のルールを、**高齢者の保険料（1割）、現役世代の支援金（4割）のまま固定すると、現役世代一人あたりの負担はより大きな割合で増加**してしまいます。このため、後期高齢者と現役世代の**人口比率の変化に応じて、負担割合を変えていく仕組み**が導入されています。これにより、高齢者の保険料による負担割合は1割から高まり、現役世代の支援金の割合は約4割を上限として減ることとなり、負担の公平を図っています。

　介護保険制度、年金制度、後期高齢者医療制度のいずれにおいても、人口構造の変動に応じて、自動的に高齢世代と現役世代の負担のバランスを図る仕組みが埋め込まれています。

図 9-9：人口構造の変動による負担割合の自動調整

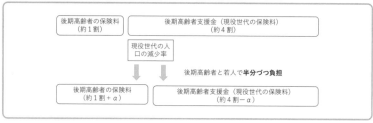

出典：著者作成

第10章

雇用保険制度

　本章と次章では、雇用保険制度と労働者災害補償保険制度を扱います。これは、雇われて働く際の、失業のリスク、業務上の傷病のリスクに備える保険制度です（労働保険）。

　これまで学習した被用者保険（健康保険、厚生年金保険）との類似点、相違点に注意して、労働保険の特徴を理解してください。

　本章で扱う雇用保険は、失業した人への給付のほか、近年の新型コロナ感染症対策に伴う経済収縮への対応として、雇用安定事業の役割が大きくなっています。

1 雇用保険制度の概要

　雇用保険制度の目的は、雇われている人（給料で生活している人）の暮らしが、失業によって不安定になるのを防ぐことにあります。そのための方策として、大きく3つあります。**1つ目**は**失業した場合**に、①手当の給付により失業者の生活を保障しつつ、②再就職（就職活動・能力開発）を支援することです。**2つ目**は、**育児などの個人の都合により休職する場合**にも、労務に従事しないため賃金が発生しなくなるので、保険制度からの手当により従業員の生活を経済面で支えます。**3つ目**は、**解雇・失業の発生を未然に防止**するものです。例えば、災害により会社が一時的に事業を休止せざるを得な

図 10-1：雇用保険制度の仕組み

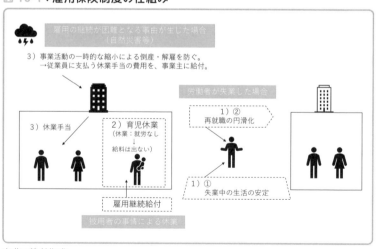

出典：著者作成

150

くなった際、会社にも給料を支払う資金がなくなり、雇用の継続が困難となり得ます。会社が従業員に支払う休業手当を助成することにより、会社の倒産・解雇を防止し、雇用の維持を図ります。

● 保険者

雇用保険制度を運営する**保険者は政府**です。全国で一つです。雇用を生み出す産業活動は、時代により構造が変化していきます。また、地域別に同種の産業が集積する傾向もあります。このため、産業別や地域別で保険を設けると、加入する人が同じリスク（特定産業の衰退や、大規模工場の閉鎖による地域雇用の消滅）に直面することになってしまいます。**同じリスクに直面する人々の間（同じ地域・産業）では、リスクが実際に発生した時に、全員が支えられる側になってしまい、支え合いの仕組みが成り立ちません。**リスクを分散させるために、**より広い業種**への転職、**より広い地域への移動**も前提に、全産業・全国を対象（全国・全産業）としています。

● 被保険者

雇用保険の対象となるのは、適用事業所に使用される労働者です。適用事業所は、雇用を行っている全ての事業所とされていますが、労働者が5人未満の個人経営であって、農林、畜産、水産事業の場合には除かれます。

また、①1週間の所定労働時間が20時間未満である者、②同一の事業主の適用事業に継続して31日以上雇用されることが見込まれない者、③季節的雇用者、日雇労働者、④国、都道府県、市町村等に雇用される者、⑤昼間学生は、**対象から除かれています。**

● 厚生年金・健康保険の適用範囲との比較

ここで、厚生年金・健康保険の適用について振り返りましょう。適用拡大が進められていますが、通常の所定労働時間（40 時間）の 1/2 以上の 20 時間を要件とするなど、被用者としての要件の考え方に共通性が見られます。

表 10-1：**保険制度による適用要件の相違**

	雇用保険	厚生年金保険・健康保険適用拡大	厚生年金保険・健康保険
1 週間の所定労働時間	20 時間	20 時間	3/4
雇用見込み期間	31 日以上	2 か月	―

● 「労働者」の意味

また、注意してもらいたいのが、労働者は会社等に**雇われて指示を受けて業務に従事している人**を意味することです。**自分で仕事を経営し業務を調整できる自営業者は、労働者には含まれません。**働いている人全体を指す場合には、就業者の用語を用いるのが通例です。

図 10-2：「労働者」の意味

出典：著者作成

2 雇用保険の保険料

● 保険料額の計算

保険料額は、給与に保険料率を乗じて算定されます。保険料率は表 10-2 のとおりです（2022（令和 4）年 10 月～ 2023（令和 5）年 3 月）。労働者に支給される失業給付分は労使折半です。そのほか事業主負担としては、事業主が実施する「雇用保険二事業」（雇用安定事業・能力開発事業への支援）分の保険料率があり、全体としては事業主負担分が大きくなります。

表 10-2：**雇用保険料率（令和 4 年 10 月 1 日～令和 5 年 3 月 31 日）**

負担者／事業の種類	① 労働者負担（失業等給付・育児休業給付の保険料率のみ）	② 事業主負担	失業等給付・育児休業給付の保険料率	雇用保険二事業の保険料率	① + ② 雇用保険料率
一般の事業	5/1,000	8.5/1,000	5/1,000	3.5/1,000	13.5/1,000
農林水産・清酒製造の事業	6/1,000	9.5/1,000	6/1,000	3.5/1,000	15.5/1,000
建設の事業	6/1,000	10.5/1,000	6/1,000	4.5/1,000	16.5/1,000

資料：厚生労働省 HP（令和 4 年度雇用保険料率のご案内）

● 保険料額の計算と記録管理

被保険者負担分と事業主負担分の総額を、**労働者に支払う賃金総額に保険料率を乗じて算定**し、事業主が一括して納付します。**個人別の内訳は管理されません**。健康保険や厚生年金では、被保険者個人ごとに標準報酬月額が決定され、保険料算定とともに、健康保険

の傷病手当金や、厚生年金の年金給付額の算定にも使われ、負担と給付をつないでいました。一方、**雇用保険**では、**被保険者への給付は、離職に伴い事業主が交付する書類（離職票）に基づいて算定**されます。保険料負担と給付の関係が、制度の記録上、それぞれ独立しています。このため、**失業給付の期間・額の決定に当たって「離職票」**が重要な役割を果たします。

3 雇用保険の給付

給付内容の体系は本章冒頭の図 10-1 のとおりです。ここでは、代表的な給付として、失業中の生活を保障する求職者給付のうち、基本手当について説明します。

●基本手当

①受給額

受給できる１日当たりの金額（**基本手当日額**）は、離職した日の直前の６か月の賃金（賞与等は除く）の合計を 180 で割った金額（賃金日額）の、50 〜 80％（60 歳〜 64 歳については 45 〜 80％）です。賃金日額が低いほど給付される率は高くなります。賃金日額が低い場合には、実際にもらっていた賃金に近い額を受給でき、賃

図 10-3：基本手当日額と代替率

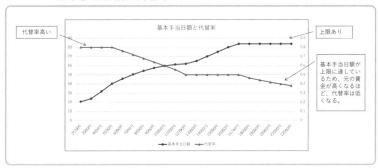

出典：著者作成

金が高かった場合には、生活の保障のために必要な額にとどまることで、給付の重点化を図られています。

②給付日数

年齢、雇用保険の被保険者期間、離職の理由により、90日〜360日の間で決められます。倒産・解雇等により、再就職の準備の時間的な余裕がなく離職した場合には、一般の場合に比べ手厚い給付日数となる場合があります。受給期間を左右する離職理由が記載されることからも、離職票が重要になります。

● 雇用調整助成金（雇用安定事業の例）

もうひとつ、雇用調整助成金について触れておきます。これは、雇用保険二事業の一つである雇用安定事業に含まれるものです（雇用安定事業には多様な助成金メニューがありますが、そのうちの1つです）。従来から、地震、台風などの災害発生時に被災地に適用されてきましたが、**新型コロナ感染症対策に伴う経済収縮への対応**にも活用され、雇用維持、労働者の生活の安定に大きな役割を果たし、セーフティネット機能の重要性が増しています。

事業の内容は、**景気変動などの事情によって事業活動の縮小を余儀なくされた事業主**が、**労働者との雇用関係の継続を図るため、休業手当等の一部を助成するもの**です。事業主が支払う休業手当額のうち、大企業の場合には1／2が、中小企業の場合には2／3が助成対象となります[1]。

---

1) 新型コロナ感染症対策として、緊急事態宣言の実施区域、又はまん延防止等重点措置の対象区域（職業安定局長が定める区域）において、都道府県知事による営業時間の短縮等の要請等に協力する企業については、特例として助成率等が引き上げられています（2022年6月現在）。

4 雇用保険の財政

　次に、雇用保険の財政構造について見ていきます。雇用保険法の原則では、保険料収入のほか、**求職者給付（基本手当）の１／４、育児・介護休業給付の１／８の国庫負担**が定められています。保険財政を考えるうえで、医療、年金、介護では、人口構造の変動による中期的な財政見通しと対応策が求められるのに対して、**雇用保険は経済状況の影響を大きく受け、機動的な対応が求められます。**国庫負担も、急激に雇用状況が悪化している（悪化する恐れがある）場合には、原則の負担割合に加えて国庫の負担を大きくして、雇用保険制度を支えています。反対に、経済状況が良く、雇用状況も良い場合には、保険財政にゆとりが生じ、蓄えが大きくなることから、国庫の負担割合を減らすこともあります。このような経済状況に伴う失業者の動向、雇用保険の積立金の状況、国庫での支援について、近年の推移を見ていきましょう（図10-4）。

　1996（平成８）年・1997（平成９）年ごろから折線の受給者実人員が増え、保険支出の増により、棒グラフの積立金は減少しています。2002（平成14）年以降、雇用状況は改善に向かいましたが、2009（平成21）年頃のリーマンショックで悪化しました。その後、受給者数は減少傾向で、積立金が増加しています。近年の積立金の減少は計画的な保険料率の引き下げによるものでしたが、2022（令和２）年度以降は新型コロナ感染症対応に伴うものです。

　次に、雇用調整助成金など事業主向けの給付を管理する会計の財

図 10-4：失業等給付に係る雇用保険料率、国庫負担率、受給者実人員及び積立金の推移

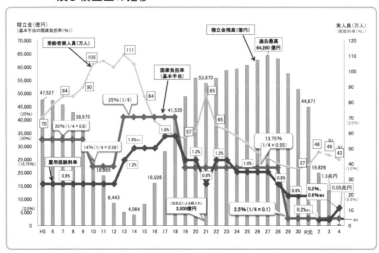

資料：厚生労働省「第166回労働政策審議会職業安定分科会雇用保険部会（令和4年1月7日）」参考資料2-2, p.4

図 10-5：雇用安定資金残高及び雇用保険二事業に係る雇用保険料率の推移

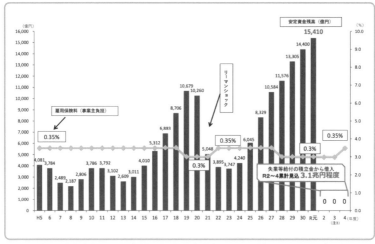

資料：厚生労働省「第166回労働政策審議会職業安定分科会雇用保険部会（令和4年1月7日）」参考資料2-2, p.5

政状況です（図10-5）。

　リーマンショックの際にも雇用調整助成金が活用され、積立金が減少しています。その後、雇用状況の改善に伴い積立金も上昇しましたが、新型コロナ感染症を契機として雇用調整助成金が活用され、積立金が一気に底をつき、失業等給付から借り入れを行う状況となりました。

　近年の完全失業者数と有効求人倍率の推移です（図10-6）。

図 10-6：完全失業者と有効求人倍率の推移

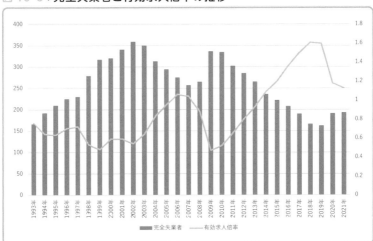

資料：労働力調査，一般職業紹介状況（職業安定業務統計）
　　　e-statよりデータをダウンロード（アクセス日 2022年2月19日）

　完全失業者数は増加傾向にあるものの、**リーマンショックの際と比べると、その影響を抑えている**ことが分かります。**雇用安定事業（雇用調整助成金）が、雇用を守るうえで大きな役割を果たしている**のが雇用・失業統計にも反映されています。

第11章

労働者災害補償保険制度

　本章の労働者災害補償保険制度は、使用者の災害補償責任から展開されたもので、これまで学習した制度と異なる特徴があります。例えば、保険料は全額事業主が負担しますし、治療のために受診した際も、業務上の災害であれば被保険者の自己負担はありません。

　労働者を業務上の災害から保護するため、災害が発生してしまった後の補償措置だけでなく、予防措置（労働安全衛生）の視点も欠かせません。

　産業構造の変化に伴い、働く際の契約のあり方も多様化しています。「労働者」として保護される者の範囲に影響します。その課題の構造と対応のアプローチについて理解を深めましょう。

1 労災保険制度の概要

● 目的

　労働者災害補償保険（労災保険）では、雇われている人が、仕事に関連して怪我・病気になった場合の補償を定めています。負傷、疾病、障害、死亡等に関する保障給付は、医療保険制度や年金制度にもありましたが、これらは、仕事に関連しないプライベートにおける怪我や病気が対象です。**原因となる怪我・病気が、仕事に関わるかどうかによって、対象となる制度が分かれます。**

● 保険者

　保険者は政府です。雇用保険と同様、全国で一つです。

● 被保険者

　被保険者は、適用事業所に使用される労働者です。**適用事業所**は、労働者を使用するすべての事業所とされていますが、労働者が5人未満の個人経営であって、農林、畜産、水産事業の場合には除かれます（雇用保険と同じ）。

　また、**被保険者の要件**については、**労働者でありさえすれば、業務災害または通勤災害が発生した際に、保険給付の対象となります。**ただし、事業所に使用されている（雇われている）「労働者」に限られますので、**自営業者は対象になりません。**このため、一定の自営業者には**特別加入制度**が設けられています（後述）。

2　労災保険の給付

　保険給付の内容を、労災による治療、死亡で分け、回復状況により整理すると、図11-1のようになります。

図11-1：労災保険の給付内容

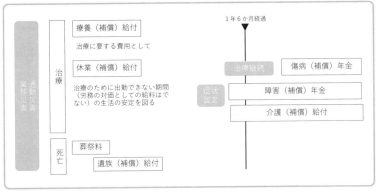

出典：著者作成

●療養（補償）給付

　療養（補償[1]）給付は、業務災害・通勤災害（業務災害等）による傷病により、医療機関を受診した際の療養費を補償します。

　労災病院の指定を受けている**医療機関**での受診は、**現物給付**となります（医療保険の保険医療機関の指定とは別の指定）。労災指定のない病院での受診は、患者が一旦全額支払ったうえで、保険者に

---

1)　業務災害の場合は、その性格から給付の名称に「補償」が付き、通勤災害の場合には付きません。

請求することになります（償還払い）。

　被災労働者の**自己負担**については、**事業主の労災補償責任から全額事業主負担**となりますので、医療保険で求められる一部自己負担はありません。ただし、通勤災害については、初診時に 200 円の自己負担があります（事業主責任の範囲外であるため）。

● **休業（補償）給付**

　休業（補償）給付は、業務災害等による傷病の療養のため働くことができず、休業が続く場合の給付です。

　医療保険の傷病手当金と同様、待期期間の要件があり、休業 4 日目から支給されます。**1 ～ 3 日目は、事業主が直接、労働基準法に基づく補償責任を負います。**このため、被災労働者の立場からは補償が継続します。支給期間は 1 年 6 か月間です。

図 11-2：**休業（補償）給付の支給**

出典：著者作成

● **傷病（補償）年金、障害（補償）年金**

　治療が長期にわたる場合には、1 年 6 か月の経過後も治療が継続し、就業するのが難しい場合も想定されます。このような場合、それまでの休業（補償）給付が、**傷病（補償）年金**に切り替わります。また、医学的に可能な治療が完了しても一定の障害の状態が残る場合もあります。このような場合に、障害の状態が固定すると（**症状固定**）、**障害（補償）年金**を受給することになります。

3 補償責任とは

● 補償と保障

　労災保険の概要を把握したところで、労働者災害補償保険制度の前提となる、「補償」の意味を考えてみましょう。労災保険は、雇用関係に伴う「補償責任」を出発点としているため、「保障」ではなく「補償」に基づく仕組みです。この原理が、他の制度と異なる労災保険の特色を生み出しています。

● 雇う・雇われるの法律関係

　この「補償責任」は、雇う・雇われるの法律関係から発生しますので、雇用契約に遡ります。雇用契約は、労務の提供とそれに対する対価の支払いの関係[2] です。

表 11-1：民法第 623 条

> 雇用は、当事者の一方が相手方に対して労働に従事することを約し、相手方がこれに対してその報酬を与えることを約することによって、その効力を生ずる。

---

2)　雇用保険による育児休業手当も、**休業によって「労務の提供」がない場合には、対価となる賃金の支払い義務が、雇用主に発生しない**ため、保険制度から被保険者に対する保障を行っています。

●信義誠実の原則、安全配慮義務、災害補償責任

　雇用契約では、労働者と使用者が互いに信義誠実に対応すること、使用者は、労働者の生命、身体等の安全に配慮することとされています。

表 11-2：**労働契約法**

第三条（労働契約の原則）

　4　労働者及び使用者は、労働契約を遵守するとともに、<u>信義に従い誠実に、権利を行使し、及び義務を履行しなければならない</u>。

　5　労働者及び使用者は、労働契約に基づく権利の行使に当たっては、それを濫用することがあってはならない。

第五条（労働者の安全への配慮）

　<u>使用者は、労働契約に伴い、労働者がその生命、身体等の安全を確保しつつ労働することができるよう、必要な配慮をするものとする</u>。

　そして、安全への配慮を行ったうえでも、業務上の災害が生じてしまった場合には、使用者は補償の責任を負い、その具体的内容は労働基準法に定められています[3]。このような**事業主の災害補償責任が労災保険制度の出発点**です。

●事業主の補償責任の保険化

　では、労働基準法の災害補償規定だけでなく、労災保険制度が設

---

[3]　労働者側においても、信義誠実原則に基づいて、事業主の安全のための措置に協力する義務、定期健診を受診する義務など（自己保健義務と言われることもあります）を負います。

けられているのは、何故でしょうか。労働基準法の災害補償規定により、労働者は事業主に対して請求権を持つことになります。しかし、労災の原因となった事故などで**会社そのものが倒産してしまった場合**には、**権利はあっても現実に支払いを受けることはできません**。このため、事業主が負う補償責任を保険化して、**事業主が倒産した場合でも、被災労働者に支払うことができるようにした**のが、労働者災害補償保険制度です。これまでの保険制度と異なり、**事業主が支払う費用を保険で賄うのが本質**です。このため、労災医療機関の受診にあたっての**自己負担は業務災害であれば発生せず、保険料も事業主のみの負担**となっているのです。

　ただし、使用者の**災害補償責任では説明のできない給付**があります。それが、**通勤災害**への給付です。仕事の往復にあるとはいえ、就業中ではなく、**事業主の管理下から離れています**（使用されている状態にない）ので、本来、事業主の責任には含まれず、労働基準法の災害補償の範囲には入りません。労災保険制度で独自に対象としているものであり、**使用者の災害補償責任の範囲を超えて給付範囲を拡大**しているのです。

図 11-3：事業主の補償責任の保険化の概念図

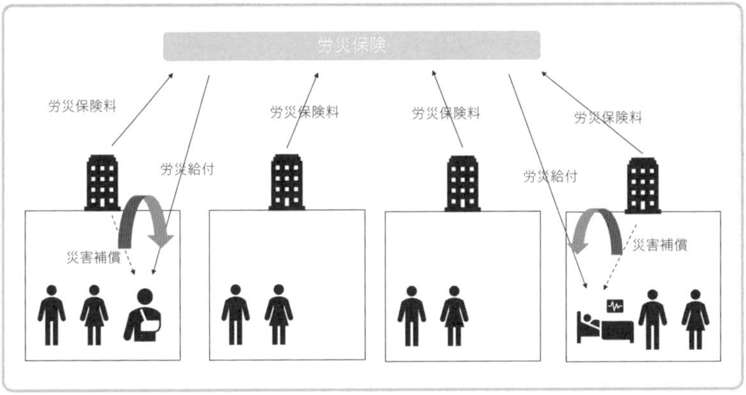

出典：著者作成

4 労働災害・通勤災害の認定

　労災給付を受けるためには、業務または通勤における傷病が原因であるという認定を受ける必要があります。

　業務災害については、①労働者が労災保険の適用事業所に雇われ、事業主の支配下にあること（業務遂行性）、②負傷等が業務を原因とする災害によって生じたものであること（業務起因性）が必要です。

　通勤災害については、就業に関し、労働者が合理的な経路及び方法により行う、①住居と就業との間の往復、②労災保険の適用事業所からほかの労災保険の適用事業所への移動、③単身赴任者の赴任先住居と帰省先住居の間の移動、であることが必要となります。

● 脳・心臓疾患

　物理的な事故であれば認定の可否を判断しやすいのですが、判断が難しいのが、脳・心臓疾患など基礎疾患がある人の場合です。この場合の認定基準を見てみましょう。

　基礎的病態と業務のどちらの影響が大きいかを判断します。具体的には、もともとの基礎疾患の自然経過なのか、それに加えて「業務による明らかな過重負荷」が加わったことによるのかが判断基準になります。そして、「明らかな過重負荷」は、発症に近い時期のストレスや長時間労働が考慮されます。

　このほか、業務上外の認定が争点となるものとして、精神面の負

表 11-3：血管病変等を著しく増悪させる業務による脳血管疾患及び虚血性心疾患等の認定基準（厚生労働省労働基準局長通知）

第1　基本的な考え方

　脳血管疾患及び虚血性心疾患等（負傷に起因するものを除く。以下「脳・心臓疾患」という。）は、その発症の基礎となる動脈硬化等による血管病変又は動脈瘤、心筋変性等の**基礎的病態**（以下「**血管病変等**」という。）が、長い年月の生活の営みの中で徐々に形成、進行及び増悪するといった自然経過をたどり発症するものである。

　しかしながら、**業務による明らかな過重負荷が加わることによって**、血管病変等がその**自然経過を超えて著しく増悪**し、脳・心臓疾患が発症する場合があり、そのような経過をたどり発症した脳・心臓疾患は、その発症に当たって**業務が相対的に有力な原因であると判断し、業務に起因する疾病として取り扱う**。

　このような脳・心臓疾患の発症に影響を及ぼす業務による明らかな過重負荷として、発症に近接した時期における負荷及び長期間にわたる疲労の蓄積を考慮する。

　これらの業務による過重負荷の判断に当たっては、労働時間の長さ等で表される業務量や、業務内容、作業環境等を具体的かつ客観的に把握し、総合的に判断する必要がある。

注：太字及び下線は著者による

荷からの精神疾患があります。労働環境に起因する要素、日常生活に起因する要素、本人の素因など、複数の要素が複合するため、評価が難しく、それぞれの因果関係についての理論を一つ一つ丁寧に考える必要があります。

　また、**発生した後の補償とともに、事前の予防措置**（長時間労働対策、仕事における不安や悩みの相談対応）も欠かせません。この点は、次の労災保険料の設定のあり方にも反映されています。

5 保険料率
~リスクに応じた保険料設定~

● 業種別の保険料率

　事業の種類によって業務災害のリスクが異なることから、保険料率は**事業の種類ごと**に定められています。54業種について、1000分の2.5から88まで、大きな差があります（2022（令和4）年度）。

● メリット制

　また、事業の種類が同じでも、**事業主の災害防止努力の違い**により、個々の事業場の災害発生率に差が生じます。このため、①保険料負担の公平性の確保、②労働災害防止努力の促進を目的として、**事故が少ない（リスクが小さい）と保険料率が下がり、事故が多い（リスクが大きい）と保険料率が上がる仕組み**が採用されています[4]。

● 労災の補償と予防

　医療保険では、各個人の健康状態などのリスクは保険料率に反映されませんでした。これに対し、労災保険では、業種ごとや事業所ごとに労災の発生状況によって、保険料率が異なっています。これ

---

4)　自動車保険でも、無事故やゴールド免許であれば割引され、事故歴や違反があると割増しされます。リスクに応じて保険料を設定し、それを通じて事故防止のインセンティブにする、といった仕組みは保険の仕組みとして共通しています（給付・反対給付均等の原則）。

は、**労災補償責任は、もともと事業主の責任であり、事業主間の負担の公平性の観点、あわせて予防措置の適正な確保を行うため**です。労働契約に基づく安全配慮義務を思い出してください。予防措置を可能な限り講じたうえで、それでもなお発生する事故を補償するものであり、労災の予防と補償はセットで考える必要があります。逆に、補償措置だけを行い災害防止措置を講じないというのは、一番の目的である労働者の保護の視点に照らすと、適当ではありません。補償措置の出番は、できるだけ少ない方が良いのです。

6 特別加入制度

労災保険制度の最後のテーマとして、特別加入制度について扱います。

●趣旨

労災保険制度は、雇われて働く人（労働基準法の労働者）を対象としています。このため、**自営業者等は労災保険制度の対象とならないのが原則**です。しかし、**業務の実態**からみて**労働基準法の労働者と同じように、労災の予防・補償の双方で、保護するにふさわしい働き方**もあります。このため、自営業の人々のうち、**一定の業態について、特別**に、労災保険の**加入を認める**制度が、特別加入制度です。具体的には、①中小事業主及びその事業に従事する労働者以外の者（役員等）、②労働者を使用しないで一定の事業を行う一人親方その他の自営業者[5]、その家族従事者等が、対象となります。

●仕組み

ある業態が特別加入の対象となるには、まず、一人親方等の団体（特別加入団体）が、労災保険の適用を受けることについて申請を行います。その際、**団体は、業務災害の防止に関し、団体が講ずべ**

5） 個人タクシー業者、個人貨物運送業者等 ・大工、左官、とび、石工等の建設業の一人親方

き措置及び対象となる者が守るべき事項を定めなければなりません。一般の労働者については、**労働安全衛生法等**で業務災害の防止に関する措置をとることが事業主に義務付けられています。しかし、労働者でない**一人親方等については、業務災害の防止措置を義務付ける法令がない**ためです。そのうえで、都道府県労働局長の認可を受ける必要があります。

図 11-4：特別加入制度の仕組み

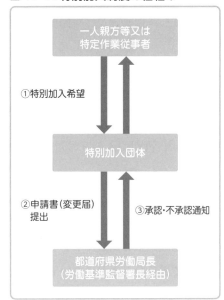

資料：厚生労働省「第87回労働政策審議会労働条件分科会労災保険部会（令和2年6月1日）」参考資料2-1，p.5

● **自転車を用いたフードデリバリーサービスと労災保険**

　この特別加入制度が注目を集めた議論として、自転車を用いたフードデリバリーサービス（FDS）の配送員への適用があります。FDS配送員の働き方には、2つの契約方式があります。①飲食店または配送サービス事業者の**従業員**として働く場合、②自分自身が**自営業の配送事業者**として働く場合です。

　①の場合には、**労働者**であるため事業主が安全配慮義務を負い、労災保険制度の対象にもなります。**②の場合**には、**自営業者**として「配送」という仕事の完成を目的とする**請負契約**となります。**この場合には、労働者には該当せず**、労災保険の適用対象にもならない

のが原則です。

　従来から、自動車及び原動機付自転車を使用して貨物運送事業を行う場合、一人親方等として特別加入の対象とされていましたが、**2021（令和3）年9月1日からは、自転車を使用する者も特別加入の対象になりました**。飲食物という貨物を運送する事業も含まれます。自営業として請負契約を結ぶ契約方式には制限は設けることはできず、特別加入制度の対象を拡大する方式で対応が行われました。

　FDS の他にも、インターネットを通じて短期・単発の仕事を請け負い、個人で働く新しい就業形態が増加しています。**労働者としては労働政策上の保護について、自営業者としては契約内容・公正な取引であるかどうかについて、それぞれのアプローチからの検討が必要**になっています。

第12章

児童手当等（社会手当）、社会保険における子育ての経済的負担への配慮

　本章では児童手当・児童扶養手当を扱います。社会保障の類型のうち社会手当に該当し、保険料等の事前の拠出を必要としない、資力調査（ミーンズテスト）や補足性の原理を伴わないといった特徴があります。

　また、子育ての経済的負担との関連で、これまで学習した社会保険において、子育てにどのような配慮がなされているかを整理します。

　支援措置は、給付だけではなく、負担軽減措置もあります。手当と異なり目に見えにくいですが、様々な支援措置が講じられています。

1 児童手当、児童扶養手当（社会手当）

　児童のいる家庭の経済的な負担は、児童のいない家庭に比べて大きくなります。このため、経済的な支援のための金銭給付制度が設けられています。これらの手当は、社会保障制度の類型の中の**社会手当**に整理されます。**定型的な支給要件**（児童を養育しているなど）**に該当すれば、主として公費（税財源）により、金銭給付を受ける**ことができる制度です。

表 12-1：児童手当等と社会保険、公的扶助との違い

社会保険との違い	・保険料等の事前の拠出を必要としない。
公的扶助（生活保護）との違い	・資力調査（ミーンズテスト）や補足性の原理を伴わない。 ・ただし、一定の所得制限はある。

● 児童手当

　児童手当は、中学生までの子どもがいる家庭の父母等に支給（所得制限あり）されます。

表 12-2：児童手当制度の概要

制度の目的	家庭等の生活の安定に寄与する・次代の社会を担う児童の健やかな成長に資する		
対象児童	国内に住所を有する中学校修了まで（15歳に到達後の最初の年度末まで）の児童（住基登録者：外国人含む） ※対象児童 1620 万人 （令和 2 年度年報（令和 3 年 2 月末））	受給資格者	・監護・生計同一（生計維持）要件を満たす父母等 ・児童が施設に入所している場合は施設の設置者等
手当月額 （一人当たり）	0～3歳未満　　　　　　一律 15,000 円 3歳～小学校修了まで　第 1 子・第 2 子：10,000 円　第 3 子以降：15,000 円 中学生　　　　　　　　一律 10,000 円 所得制限限度額以上　　一律 5,000 円（特例給付） 　※所得制限限度額（年収ベース） 　　960 万円（子供 2 人と年収 103 万円以下の配偶者の場合） 　　（令和 4 年 10 月支給分から特例給付の所得上限額を創設 　　（子供 2 人と年収 103 万円以下の配偶者の場合、年収 1200 万円相当））		
支払月	毎年 2 月、6 月、10 月（前月までの 4 か月分を支払）		
実施主体	市区町村（法定受託事務）※公務員は所属庁で実施		
費用負担	国、地方（都道府県・市区町村）、事業主拠出金で構成 　※事業主拠出金は、標準報酬月額及び標準賞与額を基準として、拠出金率（3.6/1000）を乗じて得た額を徴収し、児童手当等に充当		
給付総額	令和 4 年度予算：1 兆 9988 億円（国負担分：1 兆 951 億円、地方負担分：5476 億円）（事業主負担分：1637 億円、公務員分：1925 億円）		

資料：内閣府 HP（児童手当制度の概要）

● 児童扶養手当

　また、高校生までのひとり親家庭に支給（所得制限あり）される手当として、**児童扶養手当**があります。

表 12-3：児童扶養手当制度の概要

1. 目的
離婚によるひとり親世帯等、父又は母と生計を同じくしていない児童が育成される家庭の生活の安定と自立の促進に寄与するため、当該児童について手当を支給し、児童の福祉の増進を図る。（平成 22 年 8 月より父子家庭も対象）

2. 支給対象者
18 歳に達する日以後の最初の 3 月 31 日までの間にある児童（障害児の場合は 20 歳未満）を監護する母、監護し、かつ生計を同じくする父又は養育する者（祖父母等）。

3. 支給要件
父母が婚姻を解消した児童、父又は母が死亡した児童、父又は母が一定程度の障害の状態にある児童、父又は母の生死が明らかでない児童などを監護等していること。

4. 手当額（令和 2 年 4 月～）
・児童 1 人の場合　　　全部支給：43,070 円　一部支給：43,060 円から 10,160 円まで ・児童 2 人以上の加算額 [2 人目] 　　　　　　　　　　　全部支給：10,170 円　一部支給：10,160 円から 5,090 円まで 　　　　　　　　　　　[3 人目以降 1 人につき] 　　　　　　　　　　　全部支給：6,100 円　一部支給：6,090 円から 3,050 円まで

5. 所得制限限度額（収入ベース） ・全部支給（2 人世帯）160 万円 ・一部支給（2 人世帯）365 万円 ※前年の所得に基づき算定	6. 支払期月 ・1 月、3 月、5 月、7 月、9 月、11 月

7. 受給状況
・令和 3 年 3 月末現在の受給者数　877,702 人（母：829,949 人、父：43,799 人、養育者：3,954 人）

8. 予算額（国庫負担 1/3 分）　[令和 4 年度予算] 1617.7 億円

9. 手当の支給主体及び費用負担
・支給主体：都道府県、市及び福祉事務所設置町村

10. 改正経緯
①多子加算額の倍増（平成 28 年 8 月分手当から実施） ②全部支給の所得制限限度額の引き上げ（平成 30 年 8 月分手当から実施） ③支払回数を年 3 回から年 6 回に見直し（令和元年 11 月分手当から実施） ④ひとり親の障害年金受給者についての併給調整の方法の見直し（令和 3 年 3 月分手当から実施）

資料：厚生労働省 HP（母子家庭等関係）

2 被用者保険、労働保険における子育てへの配慮①
産前・産後期間

　児童を養育する家庭への支援は、児童手当、母子保健、子育て相談、保育、学童クラブなど、様々な観点から取り組まれています。また、経済面の支援についても、児童手当といった社会手当のような**給付に限られず、負担の軽減も行われています**。本章では、これまで学習した社会保険制度、労働保険制度の中で、子どもを育てる家庭への支援に関わるものを取り上げます。

　特に、**雇われて働く人を対象とした保険制度である被用者保険（健康保険、厚生年金）**、労働保険において、**子育て支援がどのように位置付けられているか**に注目します。また、その前提として、出産・育児にかかわる労働基準についても、必要な範囲で説明します。

図 12-1：産前・産後期間の子育て支援制度

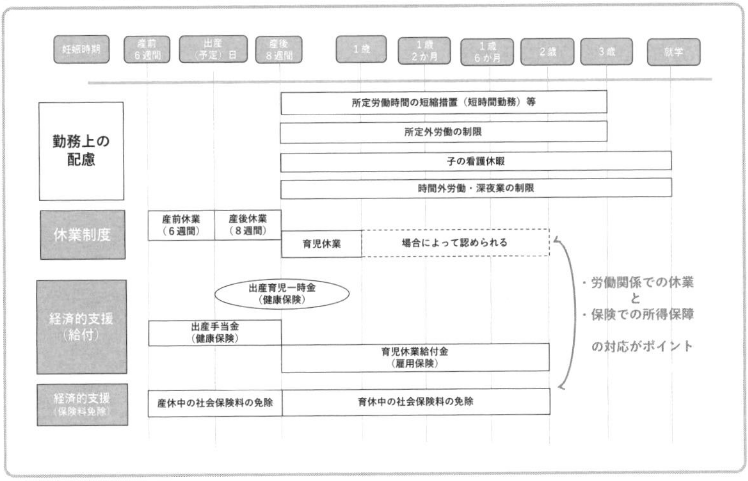

出典：著者作成

● 産前・産後の休業

就業との関係では、出産に伴う母体の保護のため、産前・産後の休業が定められています（労働基準法）。

表 12-4：労働基準法（第六十五条）

① （産前産後）使用者は、**6週間**（多胎妊娠の場合にあつては、14週間）**以内に出産する予定**の女性が休業を請求した場合においては、その者を就業させてはならない。

② 使用者は、**産後8週間**を経過しない女性を就業させてはならない。ただし、産後六週間を経過した女性が請求した場合において、その者について医師が支障がないと認めた業務に就かせることは、差し支えない。

③ （略）

● 産前・産後休業期間中の手当

休業に伴い賃金は発生しなくなります。このため休業期間中の生活を経済面で保障するのが、医療保険制度のうち健康保険制度で、出産手当金が支給されます。なお、**雇用されることを前提に休業期間中の賃金を代替**するものであるため、**被用者保険独自の給付**であり、**国民健康保険では出産手当はないのが通例**です（傷病手当と同様）。

● 出産費用等の手当（出産育児一時金）

また、医療保険からは、出産に際して産院で必要となる費用などを保障するものとして、出産育児一時金が支給されます。これは、「出産」費用に着目した給付なので、被用者保険だけでなく、国民健康保険においても支給されます。

3 被用者保険、労働保険における子育てへの配慮②
育児期間（休業と休業期間中の所得保障）

　出産に引き続き、育児のための休業とその期間の所得保障制度へと引き継がれます。

● 育児休業

　育児休業は、従業員が会社に申し出ることから始まります。申し出ができるのは、子どもが1歳まで（保育所に入所できないなど、一定の場合には、最長2歳）、が原則ですが、父母ともに育児休業を取得する場合は、子が1歳2か月に達するまでの間の1年間（パパ・ママ育休プラス）となります。また、父親が出産後8週間以内に育児休業を取得した場合、再度の育児休業の取得が可能となっています。

● 育児休業中の経済的支援

（1）育児休業給付

　育児休業期間中は会社で働いていないため給与は支払われません[1]。そこで、休業期間中の生活を支えるため、雇用保険から育児休業給付が支給されます。休業開始から6か月間は賃金月額の

---

[1]　雇用契約では、雇われる者は労務を提供する義務を負っていました。この**労務提供義務を免除するのが育児休業**です。同時に、**会社側の賃金支払義務も消滅**します。実際**に就労できない期間も、雇用関係そのもの、会社と従業員の関係を維持**することに意義があります。

67%、それ以降は50%が支給されます。

（2）育児休業中の健康保険・厚生年金の免除

　事業主が申し出ることにより、被保険者本人負担分及び事業主負担分が、ともに免除されます。社会保険料の軽減により、休業期間中は経済的な負担が減少します。**しかし、それによって将来の給付が減ってしまっては、結局は本人にとって最終的に不利益が生じてしまいます。**例えば年金制度でも、**将来の支え手である子どもを育てることで、将来の年金額が減ってしまうのは妥当性を欠きます。**このため、**免除期間に係る給付は休業前の給与水準に応じた給付が保障**されます。**給付は維持したまま負担は軽減しますので、その給付に相当する負担は制度加入者全体で負担し、**子育てがライフコース全体で不利益を生じさせないようにしています[2]。

（3）医療保険制度における一部自己負担の割合

　医療保険制度の自己負担についても、6歳未満（義務教育未就学）の場合には、2割とされています。医療へのアクセスを容易にする観点もありますが、経済的にも軽減されることにつながります。

　なお、子どもの医療費については、自治体において一部自己負担部分の助成を行っている場合が多くあり、実質の自己負担は無い場合も多くなっています。

---

[2]　国民年金制度においても、次世代育成支援の観点から、国民年金第1号被保険者が出産した際に、産前産後期間の国民年金保険料が免除される制度が2019年4月から始まりました。この制度の導入にあたって、国民年金保険料を月額100円程度引き上げ、国民年金の被保険者全体で支えています。

第 13 章

日本の社会保障の
歴史、規模、特徴

　これまで各制度の仕組みと理論を学習してきました。本章では、社会保障全体の、歴史、規模、特徴を学習します。

　第二次世界大戦直後の「最低限度の生活の保障」から、国民経済の発展に伴い社会保障制度が人々の暮らしに深く関わるようになり、「広く国民に健やかで安心できる生活の保障」へと理念が展開しました。その基盤には、「個人の尊厳」「多様性の尊重」「自立（自律）と国民の社会連帯」があります。

　日本の社会保障制度は、高度経済成長を背景として社会保険制度（医療、年金）を中心に発展してきましたが、安定成長への移行、人口構造の変化とともに、福祉サービス分野（高齢、障害、子育て）の課題が顕在化し、1980 年代以降、対応が進められています。

1 日本の社会保障の歴史

● 戦前〜対象が限られた被用者保険〜

　第二次世界大戦前から、被用者を対象とした社会保険制度として健康保険法が施行され、その後、厚生年金保険法が施行されました。**労働者の互助の仕組み・共済の仕組みを制度化したもので**（第3章参照）、**被用者保険**は**早い時期**に成立しました。

● 終戦直後〜戦争後の国民生活の混乱への対応〜

　終戦直後は、戦争により国民生活が圧迫され、**誰もが窮乏**に陥りました。そして、貧困と病苦から生命をいかに耐え忍ぶか格闘する時代でした。このため、**生活困窮者への最低限の生活を保障するための緊急措置**が大きな課題となり、**生活保護制度**が設けられました。

表 13-1：日本の社会保障の歴史①

		医療・年金	福祉
1922 年		健康保険法	
1938 年		（旧）国民健康保険法	
1941 年		労働者年金保険法	
1944 年		（旧）厚生年金保険法 （1941 年法の題名改正）	
1945 年	終戦		
1946 年	日本国憲法		**生活保護法**
1947 年			児童福祉法
1949 年			身体障害者福祉法

さらに**戦災孤児、傷痍軍人**の支援を契機として、1947（昭和22）年に**児童福祉法**が、1949（昭和24）年に**身体障害者福祉法**が制定されました。これらの福祉三法は、戦争により生じた国民生活の混乱への対応として行われました。

● 日本国憲法

このような状況下で制定された日本国憲法の第25条で「社会保障」の言葉が用いられました。

日本国憲法第25条

> ① すべて国民は、健康で文化的な最低限度の生活を営む権利を有する。
> ② 国は、すべての生活部面について、社会福祉、社会保障及び公衆衛生の向上及び増進に努めなければならない。

この条文では、社会保障の明確な定義がなされていませんが、具体的に内容が示されたのは、内閣総理大臣の諮問機関として設置された**社会保障制度審議会**による1950（昭和25）年の「社会保障制度に関する勧告」（**1950年勧告**）でした。

● 1950年勧告〜最低限度の生活の保障〜

1950年勧告は、社会保障制度を、「疾病、負傷、分娩、廃疾、死亡、老齢、失業、多子その他困窮の原因に対し、保険的方法又は直接公の負担において経済保障の途を講じ、生活困窮に陥った者に対しては、国家扶助によって最低限度の生活を保障するとともに、公衆衛生及び社会福祉の向上を図り、もって全ての国民が文化的社会の成員たるに値する生活を営むことができるようにすること」と定義し

たうえで、このような社会保障の責任は国家にあることを規定しました。

● 国民皆保険・皆年金と分野専門的なニード

また、1950年勧告では、社会保険を社会保障制度の中心としたうえで、扶助制度を補完的制度とする考え方が示されました。これを受けて、国民皆保険（公的医療保険）、国民皆年金が目指されました。

被用者保険については、すでに戦前から原型が創設されていましたので、対象範囲の拡大が進められました。

課題となったのは、農業者、自営業者の人々を、どのように対象に取り込むかでした。その対応策として、国民健康保険制度、国民年金制度が創設・実施され、1961（昭和36）年には全ての国民が公的な医療保険制度や年金制度に加入する「国民皆保険・皆年金」が実現しました。

福祉分野では、貧困・低所得問題への対処に加えて、児童、障害

表 13-2：日本の社会保障の歴史②

		医療・年金	福祉
1950年	社会保障制度審議会勧告		
1954年		（新）厚生年金保険法	
1958年		（新）国民健康保険法	
1959年		国民年金法	
1960年			精神薄弱者福祉法
1961年		国民皆保険・皆年金体制の実施	児童扶養手当法
1963年			老人福祉法
1964年			母子福祉法

者、高齢者等のそれぞれの専門的なニーズに目が向けられるようになり、1960（昭和35）年に精神薄弱者福祉法[1]、1963（昭和38）年に老人福祉法、1964（昭和39）年に母子福祉法[2] が制定されました。

● 給付水準の統一・改善

　国民皆保険・皆年金は、国民に広く保障を提供する画期的なものでしたが、課題も抱えていました。給付水準の低さや制度間での不均衡です。例えば、高額療養費制度は、健康保険の被扶養者や国民健康保険では設けられていなかったため、自己負担は定率負担で上限がありませんでした。年金の給付水準も物価上昇に追いついていない状況にありました。

　このため、1960年代には、給付水準の統一や改善が図られ、1973（昭和48）年には年金の物価スライド制度の導入、老人医療費の無料化が実施されました。

　そして1970年代からは、高齢人口の急増に伴う負担増をどのように公平に負担するか、高齢者の尊厳・暮らし（QOL）全体を、どのように支えるかについて、制度的な対応が開始されました。そ

表 13-3：**1960年代以降の日本の社会保障の主要事項**

	医療	年金	福祉
1960年代	給付水準の統一・改善	給付水準の改善	
1973年		物価スライド制の導入	老人医療費の無料化
1983年	老人保健制度		

1) 現在の知的障害者福祉法
2) 現在の母子及び父子並びに寡婦福祉法

の検討を踏まえて 1983（昭和 58）年に創設された老人保健制度は、後の介護保険制度、高齢者医療制度に引き継がれていきます。

● 広く国民の安定した生活の保障へ（平成7年勧告）

このように 1950 年勧告当時は、生活保護が社会保障の大きな柱でしたが、その後、社会保険制度が大きく発展しました。さらに高度経済成長の下で、高齢者福祉、障害者福祉や保育などの児童福祉に関する制度の整備が始まりました。

国民生活の変化に対応して社会保障制度が質、量ともに拡充が図られたことにより、その目的も、1950 年勧告当時の貧困からの救済（救貧）や貧困に陥ることの予防（防貧）といった**生活の最低限度の保障から変化**してきました。

その考え方が取りまとめられたのが、社会保障制度審議会の 1995（平成7）年の勧告「社会保障体制の再構築に関する勧告－安心して暮らせる 21 世紀の社会を目指して」です。この中で社会保障制度の新しい基本的な理念を、「**広く国民に健やかで安心できる生活を保障すること**」とし、国民の**社会連帯**とその前提となる**自立の考え**が社会保障制度を支える基盤であるとしました。

● 社会と個人

少し難しい文章かもしれませんが、出発点は**個人を大切にする・尊重する（個人の尊厳）**ことにあります。これは、お世話する・保護するということに止まらず、その人らしさ、その人の意向や生き方や在り方（自立・自律）を大切にする[3] ということです。そし

---

3) 「新たな高齢者介護システムの構築を目指して」（平成6（1994）年高齢者介護・自立支援システム研究会）（第6章介護保険）

て、**一人一人を大切にすることを全ての人に行えば、多様性の尊重**になります。それぞれ違う個人が「みんなでつくるもの」が社会であり、「社会保障」は「みんなでつくり、みんながお互いに支えるもの」になります。

　個人と別の存在として社会があるのではなく、**全ての人が社会の構成員**として、**支える側でもあり、支えられる側でもある**のが社会保障のベースとなる考え方です。

● 平成7年勧告以降の動き

　平成7年勧告で指摘されているとおり、福祉の問題は大きく取り残された課題でした。この福祉の支え手は、生活により近い存在の地域にあります。そのため、地方分権の議論と連動しながら介護保険が創設されました。また、高齢分野・障害分野ともに、施設中心の考え方から、在宅への動きも加速しました（ノーマライゼーション）。このように、地域での住民の生活を包括的に支える仕組みが、

図 13-1：1990 年代以降の法制度の動き

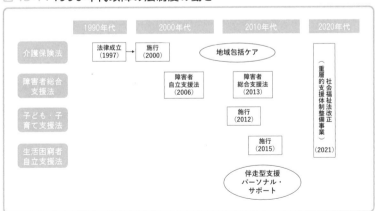

出典：著者作成

高齢者、障害者、子ども・子育ての順に、制度化され、各分野のニーズについて、家庭・個人による対応から社会での対応へ移行させる社会化が進められています。また、並行して、高度経済成長の終焉に伴い、貧困リスクが一般化しました。その対応として、生活困窮者自立支援の仕組みが導入されました。

　これらの暮らしを支える各分野の取り組みについて、より相乗効果を高めるための仕組みとして、重層的支援体制整備事業（社会福祉法）の導入が進められています。

表 13-4：社会保障体制の再構築（勧告）〜安心して暮らせる21世紀の社会をめざして〜総理府社会保障制度審議会事務局[平成7年(1995年)7月4日]

第1節　社会保障の理念と原則

　1　社会保障の理念

　社会保障制度の新しい理念とは、**広く国民に健やかで安心できる生活を保障**することである。

・社会保障制度審議会の **1950 年勧告**は、国民の生活を保障する義務が国家にあることを明確にするとともに、新しい社会保障制度のあり方を体系的かつ具体的に提言した。しかし、当時は**第二次大戦後の国民経済の混乱と国民生活の疲弊の中で、いかにして最低限度の生活を保障するかが、現実的な理念であり、課題**であった。

・その後の**高度成長**は、国民の生活水準を引き上げるとともに、**社会保障制度の財源調達を可能にした**。これによって、社会保障制度の改善と充実が容易となった。こうして、**現在の社会保障制度は、すべての国民の生活に不可欠なものとして組み込まれ、それなくして国民の生活が円滑に営まれ得ない体制**となっている。このような事態を踏まえると、21 世紀に向けて社会保障体制を充実させるためには、はっきりと、広く国民に健やかで安心できる生活を保障することを、社会保障の基本的な理念として掲げなければならない。

・我が国においては制度的に国民すべてを包括する皆保険・皆年金の体制が成立し、一応着実にその内実も改善されてきた。社会保障制度は、医療保険、年金保険など各分野にわたって、生活の安定を望む国民の願いに対応して、充実発展してきたということができる。

・こうして**給付の対象が日本社会を構成するすべての人々に広がっただけでなく、社会保険料の拠出や租税の負担を含め、社会保障を支え、つくり上げていくのもまたすべての国民となる。**そのためには、国民が社会保障についてよく知り、理解し、自らの問題として受けとめ、社会保障に積極的に参画していくことが大切である。それは、**何らかの形ですべての人に訪れる困難に、助け合って対処していくという精神**に基づいた、**社会に対する協力**でもある。その意味で、社会保障制度は、**みんなのためにみんなでつくり、みんなで支えていくもの**として、21世紀の**社会連帯**のあかしとしなければならない。これこそ今日における、そして21世紀における社会保障の基本理念である。

・このような理念に立つとき、我が国の社会保障は、これまで十分に対応してこなかった残された問題、21世紀に向かってますます重大化し、その対応に真剣に取り組まなければならない問題、さらに安定した多少とも余裕のある生活が実現するにつれ、生活に**多様性**が生じ、社会保障もその多様性にこたえなければならない問題などと、真正面から取り組まなければならない。

・**いずれかといえば取り残されてきた大きな問題は社会福祉にかかわる問題**である。心身に障害をもつ人々、高齢となって家族的あるいは社会的介護を必要とする人々などに対する**生存権の保障は、従来ともすると最低限の措置にとどまった。**今後は、**人間の尊厳の理念**に立つ社会保障の体系の中に明確に位置づけられ、対応が講じられなければならない。

・21世紀に向かってますます重大な問題となるのは、高齢化に伴う身休及び生活にかかわる不安とそれへの対応である。社会保障制度は、平均寿命の延長の下で高齢となり、現役から引退した人々の、長期にわたる生活を保障する体制をとっている。それは**かなりの部分を現役の人々の負担によって支えられている。しかし、その現役の人々もやがては高齢化し、同じように次の世代の人々の協力によって生活することとなる。そこに社会保障が世代間にわたる連帯によって成立し、維持されている姿**をみることができる。

・国民は自らの努力によって自らの生活を維持する責任を負うという原則が**民主社会の基底**にあることはいうまでもない。その上に立って、社会保障制度は、憲法に基づき生存権を国家の責任で保障するものとして整備されてきた。具体的には心身の障害や社会的状況、さらには高齢、健康等の事情により生活の維持に困難な事態が生じた場合には、国家が責任をもって対処するのが社会保障の体制である。今後、生活水準の上昇に伴い生活保障のあり方が多様化し、そこに**社会保障の受け手の側に認めるべき選択権**の問題が生じてくる。その選択の幅は**生存権の枠を越えて拡大**していくであろう。

・このような多くの問題が、従来の社会保障制度の枠を越えて、その理念の実現化を要請するものとして、立ち現れている。

2 社会保障制度の社会・経済における役割と機能

　社会保障制度が社会・経済において果たしている役割を確認します。個人の生活にとっての役割（**ミクロ**）、社会全体にとっての役割（**マクロ**）の2つの視点を意識してください。また、**経済**（所得保障・所得再分配）と、**社会**（連帯・統合）の視点も鍵となります。

●リスク対処への個人の限界

　私たちの人生には、自分や家族の病気、障害、失業、死亡など様々なリスクが潜んでいて、自立した生活が困難になるリスクを抱えています。健康で長生きすることは望ましいことですが、誰にも自分の寿命はわからないため、老後の生活費が不足するリスクもあります。また、将来の経済状況（急激な経済の落ち込み、インフレ等）や社会状況を正確に予測することはできません。**このような、個人の力だけで備えることに限界がある生活上のリスクに対して、世代をまたいで、社会全体で国民の生涯にわたる生活を守ることが、社会保障の役割**です。

●生活安定・向上機能

　社会保障が持つ機能の一つ目は、**生活のリスクに対応し、生活の安定を図り、安心をもたらす**「生活安定・向上機能」です。
　例えば、病気や負傷をした場合には、医療保険により一定の自己負担で必要な医療を受けることができます。現役引退後の高齢期に

は、老齢年金や介護保険により安定した生活を送ることができます。また、失業した場合には、雇用保険を受給することにより生活の安定が図られ、業務上の疾病等を負った場合には、労災保険により、自己負担なしで受診することができます。さらに、職業と家庭の両立支援策等は、子育てや家族の介護が必要な人々が就業を継続することに寄与することで、その生活を保障し安心をもたらしています。

このような社会保障の機能により、**私たちは社会生活を営んでいくうえでの危険（リスク）を恐れず生活を送ることができ、それが社会全体の活力につながっていく**と考えられます。

● 所得再分配機能

社会保障が持つ機能の二つ目は、所得を個人や世帯の間で移転させることで、国民の生活の安定を図る「所得再分配機能」です。社会保障制度の財源である税や社会保険料の多くは、所得に応じて額が決められています。所得の高い人がより多くの税や保険料を拠出するようになっているので、所得の格差を緩和する効果があります。また、低所得者はより少ない税・保険料負担で社会保障の給付を受けることができています。

例えば、年金額の計算、失業給付の計算においても、給付は低所得の人への重点化が行われていました（所得の低い場合に代替率が高くなる）。また、所得再分配には、現金給付だけでなく、医療サービスや保育などの現物給付による方法もあります。現物給付による再分配により、所得の多寡にかかわらず、生活を支える基本的な社会サービスに国民が平等にアクセスできるようになっています。

●経済安定機能

　社会保障が持つ機能の三つ目は、景気変動を緩和し、経済を安定させる「経済安定機能」です。例えば、雇用保険制度は、失業中の家計収入を下支えする効果に加え、マクロ経済的には個人消費の減少による景気の落ち込みを抑制する効果（スタビライザー機能）があります。また、公的年金制度のように、経済不況期においても継続的に一定の額の現金が支給される制度は、高齢者などの生活を安定させるだけでなく、消費活動の下支えを通じて経済社会の安定に寄与しています。さらに、困った時には支援を受けられるという安心をもたらすことによって、個人消費の動向を左右する消費者マインドを過度に萎縮させないという経済安定の機能があるといえます。

●個人と社会の相互関係

　社会保障は、何らかの形ですべての人に訪れる困難（リスク）に助け合って対処していく仕組みです。この対処の方法は、社会的な仕組みが個人を支える（生活安定・向上機能）とともに、個人が支えられることを通じて社会全体が支えられ（経済安定機能）、その結果、社会から個人が支えられるといったように、**個人が社会を支え、社会が個人を支える循環の仕組み**でもあります。平成7年勧告で示された理念と、社会保障の機能を対応させて理解すると、**個人と社会の関係、すなわち「社会連帯」を継続的な形にしたものが社会保障**であり、制度の具体的な形には議論があるにせよ、その本質的な機能の必要性は変わりありません。

3 社会保障の規模
（社会保障給付費・社会支出）

社会保障制度が国民生活と深く関わるようになるにつれて、その規模も大きくなりました。社会保障給付の規模の推移に、日本の社会保障の特徴も反映されています。

● 社会保障給付費と社会支出

社会保障の規模を把握する統計として、**OECD 基準**と **ILO 基準**の２つがあります。いずれも、国立社会保障・人口問題研究所の「社会保障費用統計」にまとめられています。なお、以下のデータは、2019（令和元）年度の公表資料に基づいています。**ILO（国際労働機関）基準**は**給付費**を扱うもので、施設整備費などは含まれていません。**古くから作成されていたので、国内の経年の比較を行う際に用いられます。**ただし、国際統計の作成はストップしています。**OECD（経済協力開発機構）基準**による**社会支出**は、**施設整備費など直接個人には移転されない支出を集計範囲に含んでいます。**国際統計が作成されているため、**国際比較**の際に用いられます。

● 支出規模

支出規模は年間で 120 〜 130 兆円規模で、これを一人当たりで見ると 100 万円程度になっています。対 GDP 比率では 22％程度です。

●部門別（ILO 基準）

社会保障給付費（ILO 基準）を部門別に分類すると、年金、医療、福祉その他の順になっています。

表 13-5：**部門別社会保障給付費**

年金	医療	福祉その他
55 兆円	40 兆円	27 兆円
45%	33%	22%

給付費の推移をみると、高齢人口の増加に伴い、1970 年代から年金、医療が大きく伸びる一方、福祉その他は大きな変化がありませんでした。福祉その他が増加に転じたのは、社会保障制度審議会の平成 7 年勧告以降です。1999（平成 11）年は介護保険の創設、

図 13-2：**部門別社会保障給付費の推移**

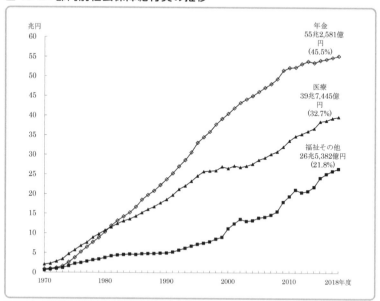

資料：国立社会保障・人口問題研究所「令和元年度社会保障費用統計」2019.

2010（平成22）年頃は子ども分野の拡充を反映しています。その後、障害分野を含めて拡充が進んでいますが、21％程度で、年金、医療には及んでいません。

● 財源

　主な財源は社会保険料と公費負担であり、**社会保険料が大きくなっています**。本章前半の社会保障の歴史で触れたとおり、1950年勧告を踏まえ、社会保険を中心に制度が創設され、高度経済成長期に拡充が図られたことを反映しています。

表 13-6：社会保障の主な財源

社会保険料	公費負担	資産収入・その他
74 兆円	52 兆円	6.5 兆円
56％	40％	4 ％

● 国際比較

　続いて社会支出（OECD基準）を用いて、国際比較により日本の社会保障の特徴を確認しましょう。高齢、保健が大きく、家族、積極的労働市場政策[4] が小さいことが特徴です。

　日本の社会保障制度は、生産年齢人口が多かった高度経済成長期に社会保険を中心に発展しました。当時は、雇用が比較的安定していて、家族関係の手当も企業が負担することも多くありました。また、企業の従業員福利として家族関係の保障が提供されていました（住宅についても同様です）。

---

4)　積極的労働市場政策：社会的な支出で労働者の働く機会を提供したり、能力を高めたりするための支出を計上。障害のある勤労者の雇用促進を含む（制度：教育訓練給付、雇用調整助成金等）。

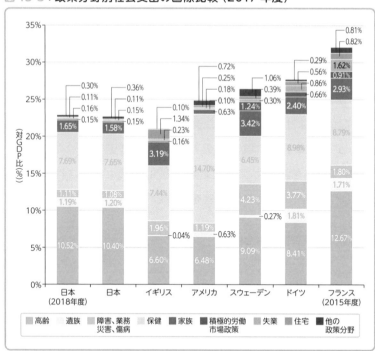

図 13-3：政策分野別社会支出の国際比較（2017年度）

凡例：高齢　遺族　障害、業務災害、傷病　保健　家族　積極的労働市場政策　失業　住宅　他の政策分野

資料：国立社会保障・人口問題研究所「社会保障費用統計」2019.

　しかしながら、1990年代後半以降、低成長に移行し、個別企業が担える保障の範囲・安定性の限界が明らかになってきました。そこで社会全体で保障する制度の構築が模索されますが、同時にすでに先行して仕組みが設けられた高齢者の給付（年金・医療）は、自然に増大するため、その負担のあり方についても同時に対応が求められます。

　現在の社会保障制度の見直しの難しさは、このような**高齢化の進展に伴うニーズの増大に対応**しながら、**社会経済構造の変化に伴い新たに顕在化するニーズへの対応**を、**同時に進めなければならない**点にあります。

第14章

社会経済変動と社会保障

　前章において、日本の社会保障の歴史、現状（規模、機能）を確認しました。本章では、今後の社会保障の見通しを、社会経済の変動とあわせて学習します。

　項目1〜2では人口構造の変化を、項目3〜5では雇用構造の変化について扱い、「全世代型社会保障」や「働き方の多様化と労働者としての保護の普遍化（勤労者皆保険）」につながる論点を概観します。

　社会経済は常に変動します。社会が連帯して、社会経済の変動に対応しようとする取り組みが、制度の見直しにも映し出されます。制度の背景にある社会システムへの考察を、欠かさないようにしてください。

1 人口構造の変化

　社会経済の変化のうち、社会保障と大きく関わる項目の１つ目が人口構造です。人口の長期推移については、高齢化率の進展とともに、人口の絶対数が減少段階に入っていること、人口減少スピードの増加が見込まれること、の２点がポイントです。

図 14-1：人口の長期推移

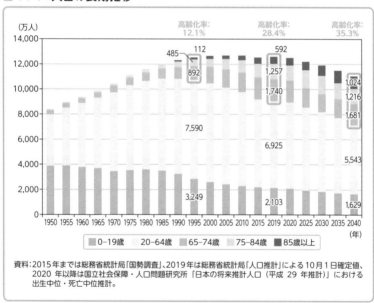

資料：2015年までは総務省統計局「国勢調査」、2019年は総務省統計局「人口推計」による10月1日確定値、2020 年以降は国立社会保障・人口問題研究所「日本の将来推計人口（平成 29 年推計）」における出生中位・死亡中位推計。

資料：厚生労働省『令和 2 年版厚生労働白書』p.4，2020.

　そのうえで、本章では特に、①給付と負担の関係から、生産年齢人口（支え手）と高齢人口の関係と、②医療・介護サービス需要へ

図 14-2：人口ピラミッドの推移

資料：総務省統計局「人口推計」（国勢調査実施年は国勢調査人口による）

資料：総務省統計局「人口推計」（2019 年 10 月 1 日現在）

資料：国立社会保障・人口問題研究所「日本の将来推計人口（平成 29 年推計）」（出生中位・死亡中位推計）

資料：厚生労働省『令和2年版厚生労働白書』p.6 ～ 7，2020.

の影響の観点から、地域別の高齢者数の見通しの2点に注目します。

● 年齢別人口の推移の詳細

　戦後、1940年代と1970年代の2回、ベビーブームがあり人口が増加しました。第一次ベビーブーム（1947（昭和22）～1949（昭和24）年）に生まれた団塊の世代はすでに高齢期に入り、その子ども世代の第二次ベビーブーム（1971（昭和46）～1974（昭和49）年）に生まれた**「団塊ジュニア世代」も2030年代後半から高齢期に入ります。**

　こうした人口の多い世代が高齢化する一方で、第三次に相当するベビーブームは起きなかったため、2040（令和22）年の人口ピラミッドは高齢期に膨らみをもった縦に細長い形となっていきます（図14-2）。

● 生産年齢人口

　人口構造の推移を、年少人口（0～14歳）、生産年齢人口（15～64歳）、老年人口（65歳以上）の3区分で見てみます。図14-3の上のグラフは、**人口数の推移**です。生産年齢人口が減少を続ける一方、老年人口は2045（令和27）年頃まで増加して、**その後、減少**していきます。これを**割合**で見ると、図14-3の下のグラフになります。2045年までは老年人口割合が急増していきますが、その後、**増加のペースはゆるやか**になります。

　こうした人口構成となった社会において、**年齢のみで支える側・支えられる側を区別し続けることは、社会の持続可能性の観点から厳しい**面があります。また、第8章で確認したとおり、65歳引退の場合、現役期間（40年）に対する引退期間の割合は、男性は約

図 14-3：日本の将来推計人口（平成 29 年推計）

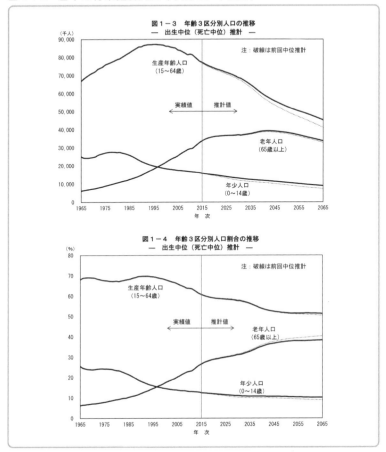

図1－3　年齢3区分別人口の推移
― 出生中位（死亡中位）推計 ―

注：破線は前回中位推計

生産年齢人口
（15～64歳）

実績値　推計値

老年人口
（65歳以上）

年少人口
（0～14歳）

図1－4　年齢3区分別人口割合の推移
― 出生中位（死亡中位）推計 ―

注：破線は前回中位推計

生産年齢人口
（15～64歳）

実績値　推計値

老年人口
（65歳以上）

年少人口
（0～14歳）

資料：日本の将来推計人口（平成 29 年推計）国立社会保障・人口問題研究所

49％、女性は約 61％となっています。**個人のライフサイクルにおいても、現役期間に対する 65 歳以降の生活期間の割合が大きく上昇**しています。

　平均余命が伸びるとともに高齢期の身体能力も若返り、健康寿命も延伸しています。人々の意識における高齢者像も、より高年齢寄りに変化してきていて、年齢では判断できないとする割合も増えて

図 14-4：「高齢者とは何歳以上か」との質問への回答

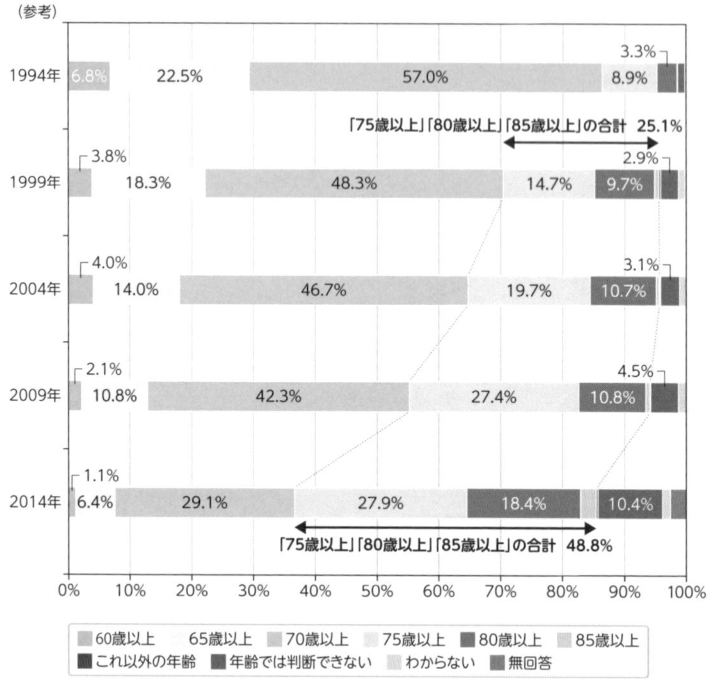

(参考)

年	60歳以上	65歳以上	70歳以上	75歳以上	80歳以上	85歳以上	これ以外の年齢・年齢では判断できない・わからない・無回答
1994年	6.8%	22.5%	57.0%		8.9%		3.3%
1999年	3.8%	18.3%	48.3%	14.7%	9.7%		2.9%
2004年	4.0%	14.0%	46.7%	19.7%	10.7%		3.1%
2009年	2.1%	10.8%	42.3%	27.4%	10.8%		4.5%
2014年	1.1%	6.4%	29.1%	27.9%	18.4%	10.4%	

「75歳以上」「80歳以上」「85歳以上」の合計 25.1%

「75歳以上」「80歳以上」「85歳以上」の合計 48.8%

0% 10% 20% 30% 40% 50% 60% 70% 80% 90% 100%

■ 60歳以上　■ 65歳以上　□ 70歳以上　□ 75歳以上　■ 80歳以上　■ 85歳以上
■ これ以外の年齢　■ 年齢では判断できない　□ わからない　■ 無回答

資料：1999 年～2014 年までは内閣府「平成 26 年度高齢者の日常生活に関する意識調査結果」。
1994 年は総理府「高齢期の生活イメージに関する世論調査」。

資料：厚生労働省『令和 2 年版厚生労働白書』p.15，2020.

います（図 14-4）。

　もちろん、高齢者それぞれの状況と希望は、個人により大きく異なります。年齢で区切るのではなく、**個人の健康状態、労働を通じての社会参加への意欲、経験・能力も踏まえ**、現役期と引退期を捉えていくことが必要です。

　このため高齢者雇用の基本理念についても、**働く意欲がある誰もが年齢にかかわりなく（エイジフリー）その能力を十分に発揮できるよう**、高年齢者が活躍できる**環境整備を図る**こととされていま

図 14-5：都道府県別 65 歳以上人口

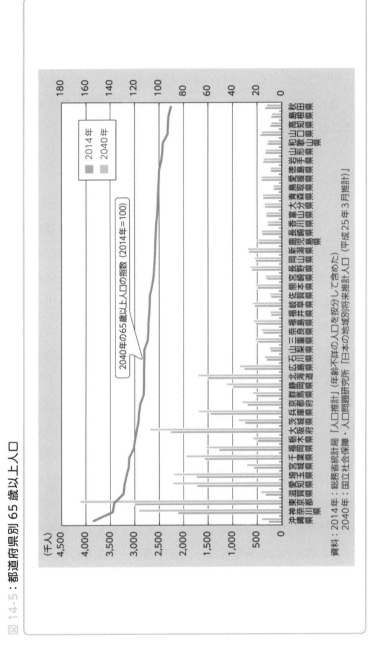

資料：厚生労働省「平成 28 年版厚生労働白書」p.11, 2016.

す。事業主には、65歳までの雇用確保（義務）に加え、65歳から70歳までの就業機会を確保するための措置が努力義務として求められています。その際、高齢期の雇用形態は、フルタイム正社員としての働き方よりも、体力・健康状態を踏まえて、また、**自身の都合に合わせて、勤務日数・時間を短縮した短時間労働**[1]が選択されることが多くなります。

● 高齢化の地域別の進展

　もう一つ重要な視点は、今後の高齢化の進展の地域別の状況です。2040（令和22）年に向けて、**高齢人口が大きく増加するのは東京都、神奈川県、埼玉県、大阪府、愛知県など、都市部及びその近郊が中心**です。これらの地域で高齢者数の増加による**介護・医療ニーズの急激な増加**が見込まれています。反対に、すでに高齢化が進んでいる地域は、定常状態に入りつつあります。高齢化への対応は、都市部で顕在化が進むことになります（図14-5）。

　将来人口は、現在の人口を基礎として正確に予想が可能です。また、医療・介護のニーズも、年齢ごとの受診率や要介護状態の認定率を踏まえて、見通すことが可能です。将来的に必要となるサービスを見通し、それを担う人材、サービスを提供する拠点（施設等）などの基盤を計画的に整備していく必要があり、そのために必要な資源を社会全体で確保しなければなりません。

　介護保険事業計画、障害福祉計画、子ども・子育て支援事業計画などは、**このような将来的なニーズを見通し、対応するサービスの**

---

1) 厚生年金の適用拡大は、高齢者が短時間就労により厚生年金の被保険者期間を増加させ、将来受給する年金額を引き上げる可能性を拡大する効果も持っています。

図 14-6：介護保険事業（支援）計画について

- 保険給付の円滑な実施のため、3年間を1期とする介護保険事業（支援）計画を作成している。

国の基本指針（法第116条）（7期指針：平成30年3月厚生労働省告示第57号）

- 介護保険法第116条第1項に基づき、地域における医療及び介護の総合的な確保の促進に関する法律に規定する総合確保方針に即して、国が介護保険事業に係る保険給付の円滑な実施を確保するための基本方針を定める
  ※市町村等が介護サービス量を見込むに当たり参酌する標準を示す

市町村介護保険事業計画（法第117条）

- 区域（日常生活圏域）の設定
- 各年度における種類ごとの介護サービス量の見込み（区域毎）
- 各年度における必要定員総数（区域毎）
  ※認知症対応型共同生活介護、地域密着型特定施設入居者生活介護、地域密着型介護老人福祉施設入所者生活介護
- 各年度における地域支援事業の量の見込み
- 介護予防・重度化防止等の取組内容及び目標
- その他の事項

保険料の設定等

- 保険料の設定
- 市町村長は、地域密着型の施設等について、必要定員総数を超える場合に、指定をしないことができる。

都道府県介護保険事業支援計画（法第118条）

- 区域（老人福祉圏域）の設定
- 市町村の計画を踏まえて、介護サービス量の見込み（区域毎）
- 各年度における必要定員総数（区域毎）
  ※介護保険施設、介護専用型特定施設入居者生活介護、地域密着型特定施設入居者生活介護、地域密着型介護老人福祉施設入所者生活介護
  ※混合型特定施設に係る必要定員総数を設定することもできる（任意）
- 市町村が行う介護予防・重度化防止等の支援内容及び目標
- その他の事項

基盤整備

- 都道府県知事は、介護保険施設等について、必要定員総数を超える場合に、指定等をしないことができる。

資料：厚生労働省「令和2年度　全国厚生労働関係部局長会議（令和2年1月17日）」老健局説明資料，p.7

量と確保の方策、実現するための負担のあり方を明示・共有し、社会的に合意を図るための仕組みとなっています（別科目「地域福祉と包括的支援体制」参照）。例えば、介護保険事業計画では、サー

図 14-7：ニーズとサービス、給付と負担の対応

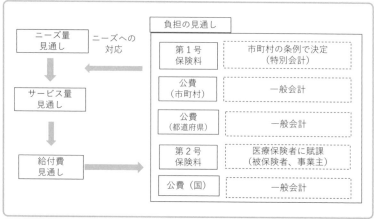

出典：著者作成

ビス量の見込みに基づいて、市町村は保険料を設定し、都道府県では基盤整備に取り組みます（図 14-6）。

　さらに、サービス量の見込みは全国集計され、医療保険者を通じて現役世代が負担する第 2 号保険料、国庫負担にもつながります。そして確保された資源により、サービス供給体制が整備され、ニーズへの対応につながります。**ニーズとサービス、給付と負担の関係は、全てつながっています**（図 14-7）。**そのつながりを多くの人が共有し、継続可能な安定的な方式として確立したのが社会保障制度**です。

2 社会保障規模の 今後の見通し

　高齢化が進展する中で、社会保障の規模は、今後、どのように見通されるでしょうか。社会保障給付費の推移の分野別のグラフは第13章で示しましたが、積み上げると下のグラフのようになります。

図 14-8：社会保障給付費の推移（分野別）

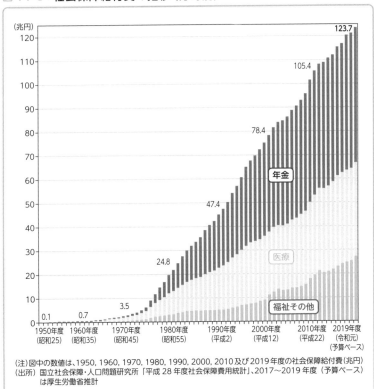

（注）図中の数値は、1950, 1960, 1970, 1980, 1990, 2000, 2010及び2019年度の社会保障給付費（兆円）
（出所）国立社会保障・人口問題研究所「平成28年度社会保障費用統計」、2017～2019年度（予算ベース）は厚生労働省推計

資料：内閣官房「全世代型社会保障検討会議（第1回）」資料3，p.18

続いて将来見通しです。額が大きく増加していますが、経済成長によりGDPが2040（令和22）年には790.6兆円になることを前提としているためです。対GDP比に着目すると、介護、医療は伸びる見込みですが、年金は一定になっています。

図 14-9：社会保障給付費の将来見通し

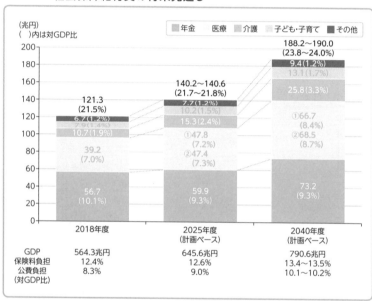

資料：内閣官房「全世代型社会保障検討会議（第1回）」資料3，p.19

高齢人口が増加する中で年金の対GDP比が一定にとどまるのは意外かもしれません。これは、第8章で学習した**マクロ経済スライドの仕組み**によるものです。現役世代の保険料率を固定したうえで、国庫負担と年金積立金を活用しつつ、給付額をスライド部分で調整するため、**国民経済における保険料の負担割合は、将来的に一定に止まります。**

これに対して、**介護、医療は**、ニーズに応じてサービスを提供す

るので、**給付の総量コントロールは行いません。**また、たとえ公的保険制度の負担のみに着目して限定を図るとしても、私的な対応が求められる部分が増加するだけで、社会全体の負担が増加することには変わりありません。このためニーズの早期の段階からの関わり（**予防・健康づくり**）や、**ニーズと地域資源をスムーズにつなぐための地域医療連携、医療介護連携**が重要になります。

　そのうえで、その負担を世代間で公平に分担するために、これまで学習したとおり**現役世代の人口と、高齢世代の人口の変動によって、負担割合を自動的に調整**する仕組みが埋め込まれているのです。

表 14-1：制度ごとの人口変動への対応

制度	保険料・拠出金	給付	人口変動への対応
後期高齢者医療制度（第9章）	公費5割 拠出金4割 後期高齢者保険料　1割	特段の調整措置なし	**＜保険料負担の分担で調整＞** ・「若人人口の減少」による若人一人当たりの負担の増加については、**後期高齢者と若人とで半分ずつ負担**するよう、後期高齢者の保険料の負担割合について、**若人減少率の1/2の割合で引き上げ**、後期高齢者支援金の負担率は引き下げる ＊別途、QOL向上の観点からも、予防・健康づくり取り組む。
介護保険（第5章）	第1号被保険者と第2号被保険者の保険料は、加入者数に応じて按分。	特段の調整措置なし	**＜保険料負担の按分率で調整＞** ・保険料算定ルールの中に、第1号被保険者と第2号被保険者の人口比が含まれており、3年ごとの改定の際に、考慮要素をして反映される構造になっている。 ＊別途、QOL向上の観点からも、予防・健康づくり取り組む。
年金制度（老齢年金）（第8章）	基礎年金国庫負担1/2 厚生年金保険料率は、18.3%に固定。	若年人口の減少率等を、年金額のスライド率から控除	・現役世代の保険料率は固定したうえで、**年金給付額を調整。**

出典：著者作成

　日本の社会保障制度は、医療保険、年金制度を中心に発展し、続いて高齢者介護が創設されてきたように、高齢分野が制度の展開を牽引してきました。

　家族支援や**現役世代への支援**は、高度経済成長期には成長からの配分（賃金の上昇）や、企業福利によって対応されてきました。そして、その仕組みが継続すると日本社会全体が想定していました。しかし、実際には1990年代後半から低成長へ移行しました。

　それまで当然とされていた社会のあり方が変動することにより、その影響を受けて、家族支援や現役世代の貧困への対応の必要性が顕在化しました。

　これらの課題への対応は、前章でも指摘したように、高齢化の進展に伴うニーズの増大に対応しながら、社会経済の変動に伴い新たに顕在化するニーズへの対応を、同時に進めなければならない点に難しさがあります。

　その際に重要なのは、既存の制度とその機能についての正確な理解に基づき、**制度の名目的な給付と負担の関係に議論を限定せず、社会における機能全体を視野に入れて考察する**ことです。**直接的な給付と負担は社会保障制度の重要な一面ですが、社会保障の機能の全てではありません。**特に、保険料負担額と受給額の総額のみを比較するような分析視点は、社会保障の果たしている機能全体を見失うことにつながります。

　老齢年金（第8章参照）では、社会全体の扶養のあり方が問われていました。内訳として私的扶養と社会的扶養（制度による扶養）がありますが、世代間扶養の必要性は制度の有無に関わらず増大します。それを個人・家庭の私的責任から、保険料（事業主負担含む）、

公費という資源も用いて社会的に安定した仕組み（年金制度）に転換しました。

　介護保険（第5章参照）については、サービスの恩恵を受けているのは、直接の受給者だけではなく、その家族でもあり、受給者・家族が属する地域社会であり、その家族を従業員として雇用している事業主でもあります。社会全体での位置付けを念頭において議論する必要があります。

　現在の社会保障制度は、**広く社会システムにおいて関わりを持つ当事者の、社会的合意の積み重ねの上に成り立っているのです。**

3 非正規雇用の状況

　ここからは、雇用構造の変化について扱います。非正規雇用をめぐる課題を整理したうえで、これまで学習してきた内容との対応を整理しましょう。

● 雇用者数の推移

　正規雇用労働者は、緩やかな減少傾向から 2015（平成 27）年に 8 年ぶりにプラスに転じ、2021（令和 3）年まで 7 年連続で増

図 14-10：**雇用者数の推移**

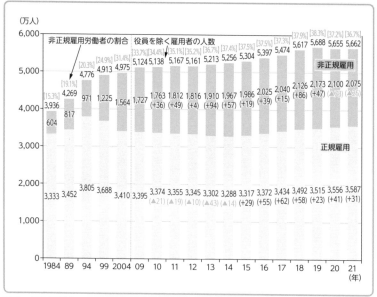

資料：厚生労働省 HP

加しています。非正規雇用労働者は、2010（平成22）年以降増
加が続いてきましたが、2020（令和２）年以降は減少しています。

● 年齢別・男女別の非正規就労の状況

　労働者に占める非正規労働者の率を、年齢別・男女別に見ると、
男女ともに65歳以上の増加幅が大きく、高齢者の就労が非正規雇
用の形態によって実現されていることがわかります。その他の年齢
階級においても、非正規雇用の労働者の割合は上昇しています。

図 14-11：非正規雇用労働者の割合の推移

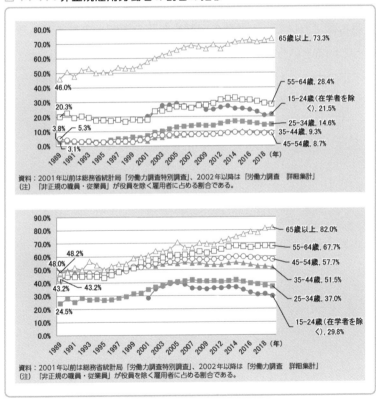

資料：厚生労働省『令和２年版厚生労働白書』p.38, 2020.

● 非正規雇用に就いた理由

　非正規雇用に就いた理由は、自発的なものと非自発的なものがあることが指摘されています。男性の 25 ～ 54 歳では「正規の職員・従業員の仕事がないから」が、65 歳以上では「自分の都合のよい時間に働きたいから」が多くなっています。女性はどの年齢階級においても「自分の都合のよい時間に働きたいから」の割合が比較的高く、35 ～ 44 歳においては「家事・育児・介護等と両立しやすいから」、45 ～ 54 歳においては「家計の補助・学費等を得たいから」も多くなっています。

　非正規雇用の拡大の背景には、こうした**働く人の意識**とともに、雇用者側において、**人件費の抑制や業務の繁閑への対応**が必要となっているという事情も存在しています。加えて、好況期には、人手不足の中で、人材確保のために本人の希望に合わせて短時間労働者として活用するという動きも見られるようになっていました。

図 14-12：非正規雇用労働者が現職の雇用形態についている理由（2019 年）

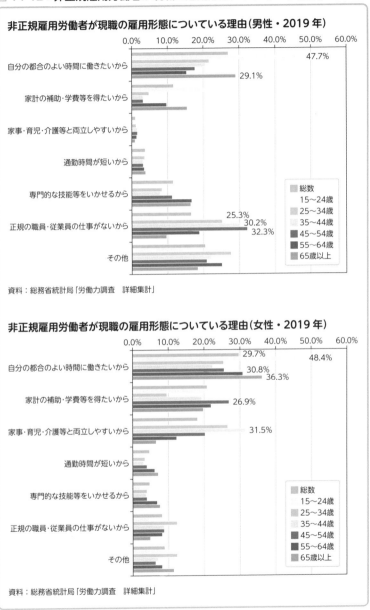

非正規雇用労働者が現職の雇用形態についている理由（男性・2019 年）

資料：総務省統計局「労働力調査　詳細集計」

非正規雇用労働者が現職の雇用形態についている理由（女性・2019 年）

資料：総務省統計局「労働力調査　詳細集計」

資料：厚生労働省『令和2年版厚生労働白書』p.39，2020.

4 非正規雇用をめぐる課題の所在

● 賃金

　正規雇用労働者と非正規雇用労働者の賃金カーブを比較すると、「一般労働者（正社員・正職員）」は年齢を重ねると賃金額が上昇するのに対し、「短時間労働者（正社員・正職員以外）」や「一般労働者（正社員・正職員以外）」は横ばいのままとなっています。**非正規雇用労働者は、正規雇用労働者に比べ、賃金が低いという課題**があります。

図 14-13：**正規雇用労働者・非正規雇用労働者の賃金カーブ（年齢階級別・時給ベース・2019 年）**

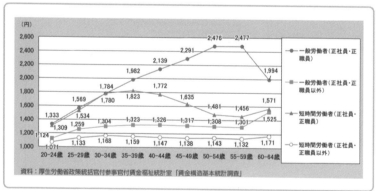

資料：厚生労働省政策統括官付参事官付賃金福祉統計室「賃金構造基本統計調査」

資料：厚生労働省『令和2年版厚生労働白書』p.40，2020.

● 教育訓練

　また、教育訓練についても、正社員以外に実施する事業所は正社員に実施する事業所の約半数であるなど、正規雇用との間で格差が

見られます。

図 14-14：教育訓練を実施する事業所数

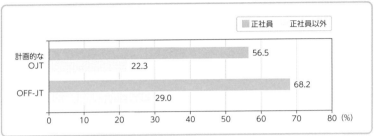

資料：厚生労働省 HP

● 対応のアプローチ

このように非正規雇用労働については、賃金、能力開発、そして雇用継続の不安定性などの格差が指摘されてきました。これらの課題への対策として、大きく2つのアプローチがあります。

1つ目は、正規雇用を希望しながら非正規雇用となっている不本意就労の場合に、正社員への転換を図ることです。企業への働きかけとともに労働者への職業能力開発の支援が行われています。

2つ目は、非正規雇用を前提として正規雇用との均等・均衡待遇（不合理な差の解消）を図ることです。正規雇用労働者とは勤務の前提（全国異動の有無や職場での責任）が異なるため、特定の作業のみに着目して同一の作業に同一の賃金を支払うということにはなりませんが、不合理な差を解消していくことです。

これらの取り組みにより一定の成果を挙げている業種がある一方で、引き続き、課題が残る業種もあります。

また近年の課題として、第11章の労災保険で扱ったように、ギグワークがあります。フードデリバリーサービスなどに、雇用契約

ではなく請負契約を用いて「自営業」として働くことで、「労働者」としての保護（使用者側としては安全配慮義務などの責任）が及ばなくなる恐れがあります。

　これは、そもそも「労働者」に該当するかが論点となるため、先程の、労働者に該当するとして「正社員」との待遇の差をどのように解消するかということとは論点が別になり、解決に向けてのアプローチも異なります（詳しくは第11章を参照）。

　課題の内容に応じて、どの部分が課題の起因になっているかを、しっかりと見極める必要があります。

● 社会保障制度での対応

　このように非正規雇用では、現に働く際の待遇に差があるとともに、加入する社会保険が異なり、その給付の面でも影響が生じ得ます。

　医療保険では、正規雇用であれば健康保険に加入し、その配偶者は被扶養者として追加の負担なく給付の対象となります。これに対し、非正規雇用の場合には、適用要件を満たさなければ国民健康保険への加入となります[2]。この場合、配偶者も、被保険者として保険料算定の対象となります。給付についても、被用者保険の健康保険では傷病手当金、出産手当金がありますが、国保では傷病手当金、出産手当金は設けられていないのが通例でした。

　年金では、国民年金へ加入の場合、その期間に対応する将来の年金は基礎年金のみで、報酬比例の2階部分の厚生年金はつきません。

　健康保険・厚生年金の適用拡大には、このような正規労働者と非正規労働者の格差を解消する方策の一つでもあります。

---

2) 国保加入者の中でも、約3割が被用者となっていました（第4章参照）。

5 社会保障・社会福祉と労働

● 個人生活における労働と社会システムにおける労働

　非正規雇用の課題に見られるように、労働の在り方は、個人の生活に大きな影響を及ぼします。賃金、能力開発などの就労に関わる待遇や、社会保険の適用の有無の問題に限らず、例えば、労働時間は、労働者自身の健康や、仕事と子育ての両立、仕事と介護の両立など、ワークライフバランスに影響します。また、その背景では、雇用における男女の均等な機会と待遇の実現も求められています。

　また、個人の生活における役割（ミクロ）だけでなく、社会システムにおいて、マクロレベルの労働も大きな役割を占めています。社会における労働の意義を理解するには、労働法、労働政策、労働経済学、社会政策など、社会システムの基本ルールへの幅広い理解が必要です。第11章で扱った労災保険は使用主の災害補償責任に基づくもので、根拠は労働基準法、民法の雇用契約にありました。社会福祉は、市民社会の様々な資源調達、給付・再分配に関わる技術を組み合わせて成り立っています。

　雇用を生み出す源泉となる産業の在り方、国民経済についての知識も不可欠です。雇用保険で扱ったように、雇用・貧困の課題と国民経済の状況は表裏一体です。

　そして、社会福祉の社会における意義を理解するためにも、これらの社会システムを理解することが求められます。

●労働と貧困

非正規雇用などの労働に関わる課題は、「貧困」「格差」とも大きく関わります。第3章では、社会保険の歴史として、産業革命後の工場労働者の急増と、低賃金や大量解雇などの雇用の不安定性への対応に遡りました。ビスマルクによる社会保険制度の創設です。

現在でも、新型コロナ感染症への対応の中で、社会経済活動が収縮し、誰もが所得を失うリスクに直面しました。このような**新たな社会経済の変動**に対し、臨時給付金など、臨時的な経済的支援措置も実施されましたが、影響を受けた人々は、主にそれまで非正規雇用の人々でした。

雇用保険制度の雇用調整助成金などを利用することにより、雇用の維持が図られ、リーマンショック時に比べると影響を少なく抑えることができていますが、影響を完全に無くすことはできません。

また、雇用保険も受給要件があり、全ての労働者を対象とはできておらず、生活困窮者自立支援制度、生活福祉資金貸付などを活用し、特例措置を上乗せして支援に用いられています。

これらの低所得・貧困への支援も、社会保険、社会手当、社会サービスと並び一体となって、社会保障の機能を果たしています。

●社会システムとしての社会保障

人口構造、雇用構造などの社会経済の変動に伴い、社会保障制度も見直しが求められます。その際に、思い起こしてもらいたいのが、社会保障の制度は、社会の支え合いのシステムであり、その支え合いを多くの人が共有し、継続可能な安定的な方式として確立したものであることです。

社会経済の変動に対して社会が連帯して対応しようとする内容

が、結果として、制度の見直しに映し出されます。

　社会保障制度は、様々な工夫を重ねた結果、国民生活に不可欠なものとなりましたが、あまりにも深く関わり、生活と一体となり、見えにくくもなっています。医療保険、介護保険の現物給付の仕組みは、国民に医療・介護サービスへのアクセスを保障する重要な機能を果たしていますが、保険制度のメリットに気づきにくい仕組みでもありました。

　給付・サービスの知識を単体で学ぶと、このようにシステムとしてつながっている人々の生活が見えにくくなります。**制度の背景にある、社会経済システムそのもの、人の暮らし、人と人とのつながりを考察する視点を欠かさないようにしてもらいたいと思います。**

終章

ソーシャルワークと
社会的保護システム

　IFSW（国際ソーシャルワーカー連盟）では、ソーシャル
ワークのグローバル定義を定めるとともに、倫理綱領、社会
的保護システムにおけるソーシャルワークの役割を、重要文
書として公表しています。

　そこでは、ソーシャルワークのマクロレベルの活動として、
Social Protection（社会保護）システムへの参画が強調さ
れています。

　ソーシャルワークの専門職は、社会保障制度の利用者であ
るだけなく、社会保護システムの一端を担う当事者として、
大きな役割を期待されています。

1 ソーシャルワークと
社会保障、社会的保護

　最後に、今後の学習に向けてのテーマを提起します。それは、ソーシャルワークと社会保障、社会的保護の関係です。社会福祉を学ぶ皆さんは、「ソーシャルワーク専門職のグローバル定義」を目にしたことがあると思います。これを策定しているのが、IFSW（INTERNATIONAL FEDERATION OF SOCIAL WORKERS）です。

　そのホームページ で、Global Definition of Social Work のページを見ると、右の４つの文書が重要文書として挙げられています。

　２つ目のEthical Principles は、倫理綱領に該当します。

KEY DOCUMENTS

> Global Definition of Social Work

> Global Social Work Statement of Ethical Principles

> The Role of Social Work in Social Protection Systems

> The People's Charter for a New-Eco Social World

３点目の Social Protection に注目してください。IFSW の活動では、Social Protection System（社会的保護システム）における、The Role of Social Work（ソーシャルワークの役割）が重点項目として掲げられています。そして、この社会的保護システムに関しては、Social Protection Floor（社会的保護フロア）が方向性

として示されています。

　社会的保護フロアは、基本的な社会保障制度による給付・サービスによる保護を保障し、貧困、脆弱性（バルネラビリティ）、社会的排除を防止し緩和することを目的とします。ライフサイクル全体にわたって、必要とする人に、基本的な医療と基本的な所得保障へのアクセスを確保する必要があり、少なくとも次の４つの社会保障給付・サービスを含む必要があるとされています。

・マタニティケアを含む、基本的なヘルスケアへのアクセス。

・栄養、教育、ケア、その他の必要な財やサービスへのアクセスを提供する、子どものための基本的な所得保障。

・現役世代への、特に病気、失業、出産、障害により十分な収入を得ることができない場合のための、基本的な所得保障。

・高齢世代への基本的な所得保障。

　その上で、ソーシャルワークと社会的保護フロアとの関係について、IFSW は次のように宣言しています。

表 15-1：IFSW の宣言（ポリシー・ステートメント）（一部抜粋）

Policy Statement

It is consistent with social work's professional ethics that social workers promote Social Protection Systems to construct systems that transform communities and society to address the root causes and dynamics that undermine peoples' safety, security and wellbeing. The professional principles of social work also emphasize that Social Protection Systems are grounded in a development model to ensure social sustainability and maximise the opportunity for peoples' self-determination and influence over their own lives.

人々の安全、安定（security）、ウェルビーイングを損なう根本原因と変動に対処するために、ソーシャルワーカーが社会的保護システムを推進することを通じて、コミュニティと社会を変革するシステムを構築することは、ソーシャルワークの職業倫理と一致しています。また、ソーシャルワークの専門職の原則は、社会的保護システムが、社会の持続可能性を確保するとともに、人々の自己決定の機会を最大化する開発モデルに基づいており、人々の人生に影響することを強調します。

表 15-2：IFSW の宣言（社会的保護システムにおけるソーシャルワーカーの役割）（一部抜粋）

The role of social workers in social protection systems is to facilitate community solidarity and engagement in the development of systems that will be inclusive for all people and treat them with dignity and respect, and ensuring human rights and social justice. Social workers will bring their skills, knowledge and expertise not only of individuals who are marginalised and excluded, but also of groups and communities to advocate that systems positive address structural, social and cultural barriers.

著者仮訳

社会的保護システムにおけるソーシャルワーカーの役割は、すべての人々を包摂し、尊厳と敬意を持って彼らに向き合い、人権と社会正義を確保するシステムの開発に向けて、コミュニティの連帯と参画を促進することです。ソーシャルワーカーは、そのスキル、知識、専門性を、周縁に追いやられ排除された個人だけでなく、グループやコミュニティに提供することで、システムが構造的、社会的、文化的障壁に積極的に対処することを提唱していきます。

ソーシャルワーカーの専門職にとって、社会的保護システム、社会保障制度は、単に支援者に対する個別の給付・サービスを得られる、利用する、使うだけのものではありません。IFSW の宣言（ステートメント）にあるとおり、**ソーシャルワークの専門職は、システムや制度を担う当事者として、大きな役割を果たすことが期待されています。**

　ソーシャルワークの専門職にとって社会保障制度は、社会システム全体との関わりのなかで、自ら理解、参画し、支え・作り上げていくものなのです。

参考文献

- 秋元美世・一圓光彌・栃本一三郎・椋野美智子編『社会福祉基礎シリーズ 11 社会保障の制度と行政』有斐閣，2002.

- 一般社団法人日本ソーシャルワーク教育学校連盟編『最新 社会福祉士養成講座 精神保健福祉士養成講座 7 社会保障』中央法規，2021.

- 介護保険制度史研究会『新装版 介護保険制度史 基本構想から法施行まで』東洋経済新報社，2019.

- 香取照幸『教養としての社会保障』東洋経済新報社，2017.

- 菊池馨実『社会保障法 第2版』有斐閣，2018.

- 権丈善一『ちょっと気になる社会保障』勁草書房，2016.

- 権丈善一『ちょっと気になる医療と介護』勁草書房，2017.

- 厚生労働省『平成29年版厚生労働白書』

- 厚生労働省『令和2年版厚生労働白書』

- 島崎謙次『日本の医療 制度と政策』東京大学出版会，2011.

- 堀勝洋『年金保険法 第3版 基本理論と解釈・判例』法律文化社，2013.

- 吉原健二＋和田勝『日本医療保険制度史 第3版』東洋経済新報社，2020.

- 椋野美智子・田中耕太郎『はじめての社会保障 福祉を学ぶ人へ 第17版』有斐閣，2020.

- R.M.ティトマス 三友雅夫監訳『社会福祉政策』恒星社厚生閣，1981.

謝辞

　本書の作成にあたっては、中央法規出版株式会社の皆様、特に企画段階では中村太一様に、また、執筆段階では仲真美智留様と三井民雄様に、大変お世話になりました。

　本書の内容の多くは、これまで厚生労働省の業務のなかで、先輩・同輩・後輩の諸氏との議論を通して指導いただいた考え方を、学生の皆さん向けにわかりやすく記したものです。政策現場の第一線で、日々、尽力されている皆さんに心から敬意を表します。また、このため、本書執筆にあたって原稿料等は受領しておりません。

　本書は、福祉を学ぶ学生の皆さんに、社会保障をどのようにわかりやすく伝えるかの試行錯誤から生まれたものです。本書の工夫の多くは、日々の講義で寄せられる学生の皆さんからの、率直、素朴な質問から生まれたものです。学生の皆さんが、自ら考える力を身に付ける一助となることを祈ります。

　また、単行本の執筆をご示唆いただいた、元日本社会事業大学教授の潮谷有二先生（現社会福祉法人慈愛園）に、この場をお借りして、御礼申し上げます。

　最後に、研究活動を様々な形で支えてくれている妻・美紀子と息子・明生へ、感謝を表します。

〈著者紹介〉

高橋 幸生 (たかはし ゆきお)

日本社会事業大学社会福祉学部教授。大学では「社会保障論」などを担当。
厚生労働省で医療保険・年金に関する業務、地方自治体で保健福祉業務全般、
民間生命保険会社で民間保険商品に関する業務に携わり、2020年8月より現職。

図で理解する！ 社会保障の仕組み

2022年12月10日　発行

著　者	高橋幸生
発行者	荘村明彦
発行所	中央法規出版株式会社
	〒110-0016　東京都台東区台東3-29-1　中央法規ビル
	TEL 03-6387-3196
	https://www.chuohoki.co.jp/
装幀・本文デザイン	株式会社ジャパンマテリアル
印刷・製本	株式会社ルナテック

ISBN978-4-8058-8790-5